나를 위해 출근합니다

동료가 있고 고수가 있고, 악당도 있지만
나를 위해 출근합니다

초판 1쇄 인쇄 2022년 4월 5일
초판 1쇄 발행 2022년 4월 11일

지은이 임희걸

펴낸이 김찬희
펴낸곳 끌리는책

출판등록 신고번호 제25100-2011-000073호
주소 서울시 구로구 연동로1길9, 202호
전화 영업부 (02) 335-6936 편집부 (02) 2060-5821
팩스 (02) 335-0550

이메일 happybookpub@gmail.com
페이스북 happybookpub
블로그 blog.naver.com/happybookpub
포스트 post.naver.com/happybookpub
스토어 smartstore.naver.com/happybookpub

ISBN 979-11-87059-75-2 03320
값 14,800원

동료가 있고 고수가 있고, 악당도 있지만

나를 위해 출근합니다

임희걸 지음

끌리는책

그래도 사람이다 ↗

그 사람이 있어
출근한다

회사에는 정말 다양한 사람들이 함께 일한다. 유달리 일을 잘하는 사람과 상사, 동료, 후배를 잘 챙기는 성격 좋은 사람도 있다. 평범한 사람이 있고 빌런이라 불리는, 절대로 엮이고 싶지 않은 사람도 있다.

직장인이 함께 일하는 사람을 선택하기는 쉽지 않다. 원하는 사람과 함께 일하려면 경력을 쌓아 지금의 일터에서 벗어나야 한다. 여러 회사를 경험해보고 좋은 사람이 많은 일터에 안착하면 된다. 독립해서 자기 회사를 만들거나…. 그렇지만 사람이 마음에 들지 않는다고 그때마다 사직서를 쓴다는 건 쉽지 않은 일이다. 마음속으로 매일 사직서를 쓰지 않고, 월요일 아침에 고통스러워하지 않을 방법은 없을까?

얼핏 보면 모두가 똑같은 수준으로 일하는 것처럼 보인다. 그러나 자세히 살펴보면 유독 일 잘하는 사람이 따로 있다. 똑같이 입사했는데도 10년, 20년이 지나면 전혀 다른 업무력을 갖는다. 누군가는 일 잘하는 고수가 된다. 평범해 보이는 동료와 후배 중에도 분명 일 잘하는 고수가 있다. 일의 고수는 평범한 사람이 하지 못하는 일도 척척 해낸다. 원하는 자원이 어디에 있고 도와줄 사람이 누군지 꿰뚫고 있기에 어떤 일이든, 어떤 문제든 해결점을 바로 찾아낸다.

사람보다 기술을 더 귀하게 여기는 시대다. 신기술에 열광하느라 구성원을 존중하고 배려하는 데 소홀하진 않은지 걱정스럽다. 기술이 주는 힌트를 최종적으로 해석하고 결정하는 일은 결국 사람 몫이라는 점을 잊어서는 안 된다. 기술이 발전할수록 사람의 중요성도 커질 수밖에 없다.

개인의 가치를 높이는 방법을 알 수 있다면 몇 년 뒤에는 당신도 일 잘하는 고수가 될 수 있다. 기술의 시대에도 사람의 가치는 더 빛이 날 수 있다. 사람을 통해 성장할 수 있다는 사실을 알면 월요일 아침에 괴로워하지 않고 출근할 수 있다. 어떻게 하면 그렇게 될 수 있을까? 우리가 직장생활에서 겪는 대부분의 문제는 사람 때문이다. 그러니 답 또한 사람에게서 찾아야 한다.

사람을 통해
최고의 순간을 경험하기 바란다

이 책은 크게 회사에서 남다른 자세로 일할 수 있는 세 가지 시선을 제시한다.

첫째, 당신에게는 동료가 있다. 일터에서는 누군가의 지지를 받고, 때로는 누군가를 도우며 함께 나아갈 힘을 얻는다. 동료가 나를 믿는다는 사실을 발견할 때 직장생활 최고의 순간을 경험하게 된다.

둘째, 롤 모델로 삼아 배울 수 있는 고수가 있다. 고수는 걸어 다니는 모범답안과 같다. 나에게 기획 업무를 가르쳐준 선배는 제안서 읽는 고객의 마음을 꿰뚫기 위해 고객사의 임원 명부를 꿰고 있었다. 고수가 일하는 방법을 관찰하면, 우리 일의 수준이 달라진다.

셋째, 사람을 통해 배우고자 준비된 내가 있다. 진정으로 일의 의미를 찾고 싶은가? 일을 통해 자신을 성장시키고 싶은가? 그렇다면 지금 가슴속에 성장의 불씨가 숨어 있는지 스스로 자문해보길 권한다.

스스로 갈고닦은 경쟁력이 당신을 지탱해주는 힘이 된다. 다만 혼자서 그 힘을 키우려면 적지 않은 시간과 노력이 필요하다. 효과적인 결과를 얻으려면 전략적으로 사람을 만나는 방법을 깨우치면 된다. 물론 조직에는 피해야 할 악당도 있으니 모든 이와 좋은 관계를 맺기 위해 애쓰지 말기 바란다. 피해야 할 때는 슬기롭게 피하고, 내 성장을 돕는 이를 적극적으로 찾는 성장 계획 만들기에 도전해보자.

당신의 회사생활이 외롭지 않길 바란다. 누군가를 통해 배우고, 누군가를 성장시키는 소중한 체험을 반드시 경험하기를 바란다. 회사 안에서 '사람을 통해 성장하는 맛'에 흠뻑 빠져보기를 권한다.

"사람은 사람을 통해 배운다. 지금 당신에게는 사람을 만날 준비가 필요하다."

2022년 봄
임희걸

차
례

1장

동료가 있다

좋은 사람들과
어울리며 성장한다

내 직장생활의 첫 번째 상사는 J팀장이었다. 그는 일을 지시할 때 상당한 시간을 들여 '왜 이 일이 필요한지' 설명해주었다. 일의 의미를 설명할 때는 그 일의 고객이 누구이며 그 고객들이 어떤 도움을 받을지 구체적으로 묘사했다.

"이번에 회사에서 부서별로 주요 업무를 매뉴얼로 만든다고 한다. 네가 우리 부서의 매뉴얼 작성을 해줬으면 좋겠다. 업무 매뉴얼을 만드는 건 일을 체계화하여 직원들이 모두 높은 수준으로 일하기 위한 것이다. 매우 의미 있는 작업이라고 생각한다. 네가 정리를 잘해 놓으면 우리 팀원들의 업무 수준이 전체적으로 높아짐은 물론이고 앞으로 우리 회사에 들어올 후배들을 위해 일하는 체계를 바로잡을 수 있다. 그렇게만 된다면 우리 회사의 업무 수준이 한 단계 높아질 거다."

성장은 만남을 통해
이루어진다

리더는 왜 일을 해야 하는지를 알려주어야 한다. 나는 그 롤 모델로 늘 J팀장을 떠올리곤 한다. 하버드대학교의 앨랜 랭어(Ellen Langer) 교수는 일의 의미를 깨닫게 해주면 어떤 일이 벌어지는지 흥미로운 실험을 했다. 보스턴에 있는 호텔의 청소부 중에 비만이 심한 사람과 불우한 가정에서 자란 사람, 두 집단을 뽑았다. 비만 때문에 생활습관병으로 고생하는 청소부들에게는 청소가 어떤 운동보다 효과적인 신체 활동이라고 설득하고 관련된 연구 결과를 제시했다. 불우한 가정에서 자란 청소부들에게는 객실에서 행복한 시간을 보낸 가족의 영상 편지를 보여주었다. 당신들은 한 가정의 행복에 크게 기여하고 있다고 말해주었다. 과연 이러한 의미 부여가 단순 반복적인 일에 지친 청소부들을 변화시킬 수 있었을까?

변화는 놀라웠다. 실험 한 달 후, 비만이었던 집단은 체중이 크게 줄었다. 활발하게 움직인 덕분에 갖가지 생활습관병에서 벗어난 사람이 많았다. 행복한 가정의 영상 편지를 받은 집단은 이전보다 더 열심히 일했다. 정성을 다해 객실을 관리했다.

'내가 일하는 의미는 무엇일까'를 찾기 위해 고심하는 사람이 많다. 열정의 열쇠는 의미에 있는데 안타깝게도 회사는 그 열쇠를 제대로 알아채지 못한다. 리더에게는 일의 의미를 설명하기 위해 애쓰는 시간이 아깝게 느껴질지 모른다. 차라리 경제적 보상을 제시하는 편이 쉬워 보일 수도 있다. 그보다 더 효과가 있는 동기부여 방법은 흔치 않다.

J팀장과 함께 일했던 팀원 중에 우리 회사의 핵심 인재가 된 사람이 많다. 사소한 일을 맡길 때도 리더가 직접 '매우 의미 있는 일'이라고 말해주니 그 일은 이미 더는 사소한 일이 아니게 된다. J팀장의 가르침대로 나 또한 후배들에게 업무를 부탁할 때 가장 먼저 '왜 이 일을 해야 하는지'를 전달하기 위해 노력한다. 왜 해야 하는지 알고 나면 일을 대하는 태도가 바뀌고, 일에 더욱 몰입하게 되므로 성과가 나아질 수밖에 없다.

J팀장이 일의 의미를 발견하는 법을 가르쳐주었다면 선배 B대리는 회사를 바라보는 관점을 전환하는 법을 가르쳐주었다. 선배는 우리가 늘 지옥, 전쟁터로만 묘사하던 회사를 '진짜 집 같은 곳'이라 칭했다.

입사한 지 얼마 안 되어 신입사원 전원이 '보험연수원'이라는 외부 기관에 2주간 파견 교육을 가게 되었다. 당시는 무한 야근이 당연시되는 분위기였다. 제시간에 퇴근하는 날이 거의 없던 시절이었지만 교육은 6시면 칼같이 종료되었기 때문에 교육 기간은 우리에게 휴가나 다름없었다.

선배들도 이 교육을 똑같이 받았기 때문에 교육받는 동안이 얼마나 편한지 잘 알고 있었다. 교육생은 3~4일에 한 번쯤 교육을 잘 받고 있다고 팀에 안부 전화를 하는 것이 관례였다. 동기들은 모두 그 전화를 끔찍이 싫어했다. 전화를 받은 선배들이 비아냥거리며 눈치를 주었기 때문이다.

"편한 데서 꽤 오랫동안 놀고 있구나. 너 돌아오면 시키려고 일을 산더미처럼 쌓아 놨다. 일단 거기서 제대로 즐겨. 돌아오면 넌 죽었다."

나도 망설이다 어쩔 수 없이 팀 선배에게 전화를 걸었다. 우리 부서에서 내 사수 역할을 맡은 B대리가 전화를 받았다.

"교육 잘 받고 있다고 전화했습니다."

"집 떠나서 고생이 많다. 교육받느라 얼마나 힘들겠냐. 조금만 더 고생하고, 돌아오면 맛있는 점심 사줄 테니 교육 잘 받아."

생각지 않은 반응에 나는 깜짝 놀라 나도 모르게 마음속에 있는 말을 하고 말았다.

"하지만…. 저는 그냥 교육만 받고 있는걸요. 여긴 아주 편하고 여유롭습니다."

B대리가 웃으며 말을 이었다.

"아무리 그래도 낯선 환경이 힘들게 마련이지. 단기간에 많은 내용을 교육받는 상황도 부담스러울 테고. 조금만 더 힘내고 돌아오면 같이 즐겁게 지내보자."

전화를 끊고도 한참 동안 B대리의 말이 머릿속을 맴돌았다. 모두가 빨리 벗어나고 싶어 하는 회사를 '집'이라고 표현할 수도 있단 말인가. 게다가 '낯선 곳에서 불편할 수도 있겠구나'라고 사려 깊게 생각하고 표현하는 태도에 크게 감명받았다.

나는 이후로 후배를 맞게 될 때마다 꼭 이 이야기를 들려준다. 많은 사람들이 회사가 지옥인지 전쟁터인지 입씨름을 한다. 생각하기에 따라 회사는 '집'도 되고 '안식처'도 될 수 있다. 아침마다 도살장에 끌려오는 가축처럼 마지못해 회사에 나갈지, 일이 성장을 위한 트레이닝이라고 생각하며 당당하게 출근할지 그것은 나의 선택에 달려있다.

B대리의 말 한마디는 내게 많은 교훈을 주었다. 긍정적인 태도를 보이라는 긴 시간의 강의에 비해 한 번의 경험이 더 짧고 강력한 성장의 불씨가 되었다. 현장에서 보고 들으며 배우면 더 빠르게, 더 많이 배운다.

직장생활에서 가장 어려운 요소는 사람이다. 직장을 그만 두는 가장 큰 이유도 사람 때문이라는 사실을 여러 조사 결과가 밝히고 있다. 그런데 계속 나아갈 힘을 주는 것 또한 사람이다. 우리는 사람을 통해 배우고 성장한다. 독과 약은 전혀 다른 물질이 아니다. 적절히 쓰면 약이 되고 잘못 쓰면 독이 된다.

퇴사하면
사내 인맥은 그뿐이야!

"회사에서 여러 동료와 친해지고 관계를 유지하려고 적잖은 시간과 돈을 투자했다. 하지만 그 관계는 누군가 회사를 그만두면 그걸로 끝이다. 우리는 둘도 없는 동료라고 서로 침이 마르도록 칭찬했지만, 막상 회사를 그만두니 연락하는 사람이 거의 없더라. 회사에서 맺는 관계는 다 신기루일 뿐이야."

오랜만에 퇴사한 선배를 만났더니 이런 푸념을 늘어놓았다. 선배는 회사 내에서 동료들과 관계가 좋기로 소문난 사람이었다. 그 관계를 쌓아 올리기 위한 노력이 다 사람을 남기기 위한 투자라고 믿었다고 한다. 자신이 회사를 옮기면 아쉬워하며 자주 연락할 거라고 생각한 동료들이 연락을 하지 않아 몹시 서운한 모양이었다.

과거에는 사내 인맥 관리가 회사생활 성공 여부의 필수 요건이라 여겼다. 언제 어떤 부서 사람과 함께 일하게 되더라도 원활하게 일을 처리하기 위해서는 인맥이 좋아야 한다. 점심 약속, 술자리 약속을 통해 많은 사람과 관계를 맺으면 훌륭한 직장인이라 생각되었다. 이런 넓은 인맥을 유지하려면 상당한 노력과 비용이 필요하다. 요즘도 관계를 관리하는 것이 꽤 힘들다고 하소연하는 사람들이 많다.

꼭 동료와의 관계는 오래 유지되어야만 할까? 그, 그녀와 함께 일한 경험이 우리를 성장시켰다면 그것만으로 충분히 아름다운 만남이 아니었을까? 이제는 '관리를 위한 인맥'이라는 개념에서 '서로를 성장시키는 관계'로 다르게 생각할 필요가 있다. 그러면 지금은 내 인맥이라고 부를 수 없는 사람이라도 그 덕분에 성장했다면 그를 떠올릴 때 감사한 마음을 가질 수 있다.

회사에 다니는 이유는
성장의 즐거움 때문

'나는 왜 이 회사를 그만두지 못할까?' 이 질문에 대한 대답을 찾기 위해 애쓰던 때가 있었다. 야근과 밤샘이 이어지던 시절, 어느 날 밤이었다. 문득 내 삶의 모든 시간을 회사에 바치고 있다는 사실에 회의가 몰려왔다.

예전의 선배들은 '사회적인 성공'을 위해 몸과 마음을 다 바쳤다. 젊음을 불태워 조직을 위해 희생하면 연봉 인상과 승진으로 보답받았다. 그들은 직장인으로서 최고의 자리인 임원 승진을 목표로 했다. 목표에 몰입하느라 일의 의미 따위는 생각할 시간이 없었다. 내가 회사생활을 처음 시작했을 때는 그런 상사, 선배들이 많았다.

내 생각은 달랐다. 고생의 대가로 승진할 수 있다면 충분히 보상받는 거라는 선배의 말이 가슴에 와닿지 않았다. 연봉이 오른다고 부자가 되는 것도 아니다. 봄날의 따뜻한 햇볕 한 번 받아보지 못하고 일에 쫓기는 생활의 대가가 고작 승진이나 연봉 인상이라니 뭔가 잘못됐다는 생각이 들었다. 그때부터 몇 달 동안 '나는 왜 일을 하는 걸까?' 하는 고민을 이어갔다.

그러던 차에 나와 처지가 비슷한 직장인이 블로그에 남긴 글을 보게 되었다. 글쓴이는 상사로 인한 스트레스, 권위적인 조직, 새로운 아이디어에 반대만 하는 조직 문화에 지쳤다고 했다. 딱 당시의 내 마음을 그대로 표현한 글이었다. 그의 글을 읽다가 눈을 번쩍 뜨게 만드는 문장을 만났다.

"그런데도 내가 회사를 그만두지 못하는 이유는… 그런 고통이 나를 성장시키기 때문이다."

그렇게 고민하고 또 고민하던 끝에 내가 찾은 회사생활의 답은 바로 성장의 맛이었다. 오늘은 어제보다 뭔가를 배웠고 나아졌다는 느낌, 그게 우리를 멈추지 못하게 만든다. 그것만으로도 직장생활을 계속하게 할 정도의 중독성이 있다.

믿어라,
신뢰의 힘

"이건 CEO께 직접 가는 보고서니까 엄청 신경 써야 하는 거야, 알겠어?"

인사 담당인 K상무는 몇 번이고 강조에, 강조를 반복했다. K상무와 우리 팀은 두 달 뒤에 있을 연례 회의에서 향후 5년간의 인사전략을 CEO에게 보고해야 했다. 인사전략은 핵심 경영전략의 하나였기 때문에 CEO와 여러 경영진의 관심사였다. 회의 날짜가 가까워질수록 K상무는 신경이 예민해져 있었다.

K상무는 CEO에게 최고의 인사전략을 보여주고 싶어 했다. 우리만으로는 못 미더운지, 업계 최고의 인사 전문가를 채용하겠다고 공고를 냈다. 당시에는 여러 회사가 인사 전문가를 앞다퉈 찾던 시기여서 적합한 인재를 선발하기 쉽지 않은 상황이었다. 어쩔 수 없이 내가 인사전략 보고서 작성을 맡아야 했다.

대리 직급이 된 지 얼마 안 된 나는 이런 중요한 보고서를 써 본 경험이 없었다. 인사전략 회의 총책임을 맡은 K상무는 불안할 수밖에 없었다. 그러나 실무를 손에서 놓은 지 오래됐던 그가 할 수 있는 일은 많지 않았다. 그냥 열심히 하라고 우리를 다그칠 뿐이었다.

나는 처음으로 기업 경영과 관련된 중요한 일을 맡았다는 생각에 내심 기뻤다. 몇 차례 인사 컨설팅을 받고 컨설턴트의 보고서를 본 적이 있었던 터라 나도 어느 정도 할 수 있으리라 짐작했다. 내 진짜 실력은 파악하지 못하고 컨설턴트처럼 미려한 보고서를 쓸 수 있을 거라는 환상에 빠져있었다.

믿어주는 동료 덕분에
나아갈 수 있다

그렇게 한 달 정도 지나자 K상무는 중간 점검을 하자고 우리를 불렀다. 나는 자신만만하게 보고서를 내밀었다. 채 몇 장을 넘기기도 전에 K상무의 얼굴이 붉어지고 표정이 험상궂어지기 시작했다. K상무는 머리끝까지 화가 나 고함을 쳤다.

"아니 이제 2주밖에 남지 않았는데 이게 뭐야! 문제점만 죽 나열해놓고 개선 방안은 없잖아. 그래서 어쩌자는 거야? 도대체 이 보고서를 통해 말하고자 하는 게 뭐냐고? 이걸 보고서라고 쓴 거야?"

K상무는 한참 동안 분을 삭이지 못하고 윽박지르다가 회의실을 박차고 나갔다.

"이 녀석이 무슨 인사 담당자야? 인사가 뭔지도 제대로 모르는 것 같구먼. 이 녀석, 당장 다른 부서로 보내버려!"

홧김에 한 말이겠지만 인사 담당 임원 말이라 무게감이 달랐다. 나는 K상무가 박차고 나간 회의실에 혼자 남아 망연자실해서 고개를 숙이고 있었다. 한참을 넋이 나가 있다가 흐트러진 서류 뭉치를 주워들고 자리로 돌아왔다.

내 옆자리에서는 보고가 잘 끝났으리라 기대하고 초롱초롱 눈을 빛내던 부사수 S주임이 기다리고 있었다. S주임은 두 달여 동안 야근과 주말 특근을 반복하면서 자료를 찾고 참고 서적을 뒤지며 내 보고서 작성을 도왔다. 그는 아직 분위기를 파악하지 못하고 중간 점검이 어떻게 됐는지 연신 질문을 했다.

"뭐래요? 역시 우리가 보고서 잘 썼다고 하죠? 대리님 벌써 승진하면 어떡해요?"

그때 고생한 S주임을 다독였어야 하는 게 선배인 내 역할이었을 것이다. 그러나 K상무의 호통에 넋이 나간 나는 오히려 애먼 S주임에게 화풀이를 하고 말았다.

"보고서는 망했어! 회의 시간 내내 욕만 먹었어. 우리가 두 달 동안 고생한 결과가 물거품이 되었다고! 눈치도 없이 뭘 그렇게 자꾸만 물어? 긴말할 것 없다. 난 곧 발령 나고 다른 사람이 내 자리에 올 것 같으니까…. 다른 사수 모시고 잘 해봐라."

S주임은 낙심한 내 모습에 어떤 위로도 건네지 못하고 눈치만 보고 있었다. 사무실에는 나의 한숨 소리만 가득 찼다.

그때였다. 옆자리 S주임이 부스럭거리는 소리가 들리기 시작했다. 처음에는 무시했지만 자꾸 귀에 거슬리는 소리가 들려서 나는 슬슬 짜증이 나기 시작했다.

"도대체 뭘 하는 거야? 나 열받아 있는 거 안 보여? 시끄러우니까 좀 조용히 해줄래?"

S주임은 내 짜증에도 아랑곳하지 않고 생긋 웃으며 대답했다.

"짐 싸는데요? 선배님하고 저는 파트너니까 다른 부서에 가더라도 함께 가야죠. 바늘 가는 데 실이 가는 것처럼요. 팀장님께 저도 부서 이동 신청한다고 말씀드리고 오겠습니다!"

그의 말에 나는 피식 웃고 말았다. 그리고 화장실에 가서 찔끔 흐른 눈물을 슬며시 닦았다. 내가 욕을 먹는 것이야 괜찮았지만, 함께 고생한 후배까지 무시당했다고 생각하니 슬슬 오기가 생기기 시작했다. 주먹을 불끈 쥐고 생각했다.

'그래 적어도 S주임은 내 편이구나. 한 명이라도 믿어주는 사람이 있으니 그걸로 됐어!'

그 뒤로 우리는 다시 합심하여 2주 만에 새로운 보고서를 만들어냈지만, K상무의 바람대로 CEO에게 크게 칭찬받지는 못했다. 우여곡절 끝에 어렵게 만든 보고서는 가까스로 혼이 나지 않고 통과될 정도였다. 한 번 크게 혼났던 터라 보고 회의가 끝난 후에 임원이나 팀장, 누구도 우리에게 수고했다는 따듯한 한 마디 건네지 않았다. 하지만 우리는 신경 쓰지 않았다. 우리는 2주 만에 보고서를 완전히 새로 고치는 데 성공했다고 자축하고 있었기 때문이다.

'그래, 이걸로 됐어. 우리가 스스로 인정했으니 됐어.'

말은 하지 않았지만, 회의가 끝나고 서로를 바라보는 우리들의 눈빛이 이렇게 말하고 있었다.

인사 평가에서의 좋은 점수, 상사의 칭찬, 프로젝트의 성공…. 직장생활을 하면서 간혹 찾아오는 기쁜 순간이다. 모두가 기다리는 결과겠지만 막상 그 순간을 겪어보면 기대했던 것보다는 희열이 쉽게 끝난다.

그 보고가 끝나고 S주임과 자료 작성을 도와준 여러 부서 담당자들과 함께 맥주 파티를 했다. 내 직장생활에서 가장 즐거운 시간이었다. 우리는 시원한 맥주를 마시며 지난 시간의 고생을 깔깔대며 이야기했다. 직장생활을 견디게 하는 건 결국 이런 시간, 이런 동료의 존재가 아닐까?

회사는 싫지만,
동료가 있으니까

　동료와는 친구가 될 수 없다고 단정 짓지 말았으면 좋겠다. 직장은 전쟁터고 동료는 경쟁자일 뿐이라고 경계할 필요도 없다. 대부분의 시간 동안 직장은 괴롭고 힘든 곳이다. 그러나 사막에 오아시스가 있듯이, 회사도 즐거운 때가 있다. 언제 회사가 즐거울까? 사람마다 조금 다르겠지만 나는 '회사에 나를 알아주는 동료가 있을 때' 가장 즐겁다.

　어느 회의 시간이었다. 팀장의 의견에 유일하게 나만 반대하고 있었다. 나는 우리 부서에서 가장 오래 있었고, 과거에 비슷한 실수를 반복했다는 사실을 알고 있었다. 그런데 새로 온 팀장이 자신의 의견이 맞다고 주장하는 상황이었다. 당연한 일이겠지만, 팀원들은 모두 팀장의 의견에 동조했다. 회의가 끝나고 씩씩대고 있는 나에게 한 후배가 넌지시 이야기했다. "전 선배님 말이 맞다고 생각해요." 그 순간 내 의견이 받아들여지지 않았어도, 팀장에게 면박만 당했어도 상관없다는 생각이 들었다. 좋아할 상황이 아니었는데도 슬쩍 웃음이 새어 나왔다.

　과연 동료는 친구나 가족 같은 존재가 될 수 없을까? 미국의 사회학자 쿨리(C. H. Cooley)는 우리가 속한 집단은 크게 1차 집단과 2차 집단으로 나눌 수 있다고 분석했다. 1차 집단은 가족, 친구, 이웃 등이 해당한다. 특정한 목적 없이 관계가 중심이 되는 집단이다. 관계가 목적이기 때문에 함께 있다는 사실만으로 위로가 되는 곳이다. 반면 2차 집단은 목적을 위해 모인 집단이다. 학교, 동호회, 각종 사교 모임이 여기에 해당한다. 목적 달성을 중요시하다 보니 사람 자체의 중요성은 두 번째로 여기는 집단이다. 회사도 본래는 전형적인 2차 집단에 속한다.

때로는 2차 집단이 1차 집단처럼 바뀌기도 한다. 이익 창출이라는 목적에 집착하지 않고 거기 모인 사람들 간의 관계에 의미를 두면 1차 집단이 되는 것이다. 회사가 전쟁터로 묘사되는 이유 중 하나는 사람을 자원 또는 수단으로만 여기기 때문이다. 사람을 단순히 수단으로 여기지 않고 목적으로 바라본다면 회사도 가족과 같은 집단이 될 수 있다.

회사에는 관계로 힘들어하는 사람만큼이나 관계에서 힘을 얻는 사람이 많다. 나는 종종 동료와 회사 이야기, 가족 이야기, 내 개인적인 감정이나 생각까지 함께 나누곤 한다. 친한 동료가 있으면 주말 동안 있었던 일을 이야기하려는 생각에 월요일 출근이 약간 설레기도 한다. 사무실에 절친을 두고 살아가는 셈이다.

나는 동료와 멋진 시간을 자주 보냈기 때문에 동료라는 존재를 생각하면 미소가 지어진다. 어쩔 수 없는 사정으로 우리 회사를 떠나긴 했지만, 지금까지 편한 친구, 형님이나 동생으로 지내는 사람이 많다. 이직한 뒤에도 종종 만나며 고민을 나누고 격려한다. 우리 회사 상황을 누구보다도 잘 아는지라 그들의 격려와 위로는 차원이 다르다. 동료는 내가 누구 때문에 힘든지 자세히 설명하지 않아도 금방 눈치를 챈다. 같은 사람 때문에 비슷한 고생을 했기 때문이다. 애인이나 가족에게 내가 왜 힘든지 상황을 설명하다가 포기한 적이 있을 것이다. 같은 처지에 있다는 공감대는 그래서 소중하다.

신뢰를
쌓는 법

예전에 함께 일했던 W팀장은 부인과 서로 신뢰하고 있다는 이야기를 자주 했다. 나는 W팀장에게 '부부 사이의 신뢰란 무엇인지' 그리고 '어떻게 신뢰를 쌓을 수 있었는지'를 물어보았다. W팀장의 대답은 이랬다.

"나는 신뢰란 예측 가능성이라고 생각한다. 25년을 같이 살면서 우리 부부가 가장 노력한 점은 일관되게 행동하자는 것이었다. 상대방이 일관성 있는 행동을 반복하면 다음에는 어떤 행동을 할지, 예측 가능해진다. 오랫동안 상대방이 예측 가능한 상태에 있다면 내가 알지 못하는 행동을 할까 봐 불안해하지 않아도 된다. 누군가의 말과 행동이 내 예상 범위 내에서 움직인다는 편안함이 신뢰를 만든다."

나는 연신 고개를 끄덕였다. 그때까지 신뢰란 거창한 개념이라고 생각했는데 들고 보니 일관성과 예측 가능성 같은 쉬운 개념으로 신뢰를 이해할 수 있었다.

신뢰라는 나무를 키우는 다른 방법 하나는 솔직하게 나를 드러내는 것이다. 사람은 누구나 존중받고 싶어 한다. 약점을 드러내면 타인이 나를 얕잡아 볼 수도 있다는 생각에 장점만 보여 주려 한다. 자기 자랑을 하는 사람은 많아도 부끄러운 면을 거리낌 없이 드러내는 사람은 드물다. 그런데 때로는 내가 먼저 솔직히 약점을 드러내는 편이 상대의 마음을 여는 열쇠가 되기도 한다. 드라마에서 주인공들 사이에 우정이 싹트기 시작할 때는 누군가 솔직히 자기 얘기를 꺼냈을 때다. 과거 자신의 실수, 어린 시절의 불우한 가정사 등을 털어놓으면 상대도 마음을 열기 시작한다. 이렇게 한쪽이 솔직해지면 서로 신뢰가 쌓이고 동료 사이가 더 끈끈하게 된다.

솔직하기만 하다고 무조건 신뢰가 싹트는 것은 아니다. 회사 동료 사이에서는 어느 정도의 실력도 필요하다. 하버드대학교의 폴 해리스(Paul Harris) 교수팀은 어린 학생들이 친밀한 선생님과 실력이 좋은 선생님 중에서 누구를 더 믿는지 알아보았다. 선생님들 간의 실력이 비슷비슷하면 아이들은 얼굴이 익숙한 선생님을 따랐다. 그런데 한 선생님이 슬쩍 지식의 차이를 보여주자 더 실력이 좋은 선생님의 말을 믿고 따르기 시작했다. 어린아이라도 실력이 좋은 어른이 자신에게 도움이 된다는 사실을 본능적으로 느낀다. 동료와의 사이도 이와 크게 다르지 않다. 오랫동안 함께 일하면서 친하게 지낸 동료는 자연스럽게 서로를 신뢰하기 쉽다. 그러나 실력이 뒷받침되지 않는다면 이 신뢰는 깨지기 쉽다. 서로 도움이 되어야 같이 성장하며 더 오래 관계를 유지할 수 있다.

당신 곁에는
성공을 돕는 사람이 있는가

모든 기업이 그렇듯이 우리 회사도 정체기와 성장기를 번갈아 겪었다. 회사는 성장기에 필요한 인력 수요를 맞추기 위해 경력사원을 대거 채용했다. 인사 부문에서는 업계 최고의 회사에서 C과장과 D과장을 스카우트했다.

나는 갑자기 내 상사로 오게 된 두 명의 경력사원이 못마땅했다. 내 업무 영역을 침범한 두 명의 과장에게 쉽게 마음을 열 수 없었다. 나와 경력사원 사이에는 먼저 주도권을 잡으려는 기싸움이 팽팽했다.

어느 날 C과장이 내가 쓴 글을 보았다. 노사협의회에서 직원 대표가 회사에 질의한 사항에 대해 답변한 글이었다. 길지 않은 글이었지만 경영진이 직원 대표의 건의에 답하는 글이기 때문에 꽤 중요한 업무였다. 건의 사항은 이런저런 이유로 채택되지 않는 때가 많았다. 나는 회사 측에 서서 건의 사항을 모두 수용할 수 없는 이유를 차근차근 설명해야 했다. 다들 어려워하는 글쓰기였다. 팀에서 서로 그 작업을 맡지 않으려 하다 보니 내게 떠맡겨진 일이었다.

누군가 발견해야
내 잠재력이 드러난다

C과장은 팀 전체가 모인 회의 시간에 내 글을 칭찬했다. "임 대리가 공적인 글을 매우 유연하게 잘 쓰더군요. 앞으로 글을 쓸 일이 있으면 전담으로 맡기면 어떨까요? 이 정도 수준의 글을 쓰는 사람 찾기 쉽지 않을 겁니다."

이를 계기로 팀장이 나를 평가하는 눈이 달라졌을 뿐 아니라 여러 사람에게 나는 '글 잘 쓰는 사람'으로 인식되었다. 이후 임원의 조회사 등 여러 글쓰기 작업을 맡게 되었다. 모두가 C과장의 한 마디 덕분이었다. 이후 두 명의 과장을 대하는 내 태도가 크게 바뀌었다. 나를 먼저 인정해준 사람에게 날을 세우고 대립할 이유가 없었다.

열심히 일하고 업무 능력을 키운다고 반드시 인정받는 것은 아니다. 상당한 노력을 기울였는데도 눈에 띄지 못하고 끝내 인정받지 못하는 직장인이 많다. 이는 현대의 일이 너무나 분업화되고, 복잡하게 나뉘어 있기 때문이다. 상당수의 일은 성과를 명확하게 측정하기 어렵고, 설사 측정이 가능하다 하더라도 여러 사람이 함께 일한 결과이므로 각각의 기여분을 구분하기 쉽지 않다.

회사는 직원의 성과를 평가하기 위해 팀장을 둔다. 그러나 팀장 대부분은 직원이 얼마나 일을 잘하는지, 어떤 잠재력을 가졌는지 정확히 평가할 수 없다. 팀장은 과다한 업무량과 팀의 관리 책임으로 팀원 한 사람 한 사람의 능력을 세세히 들여다보지 못한다.

당신에게는 잠재력을 발견해주고 성장할 수 있도록 도울 조력자가 필요하다. 조력자는 당신이 어떤 능력을 갖췄는지 파악한다. 그리고 당신의 능력을 여러 사람에게 알린다. 조직에는 특정한 능력을 가진 사람이 필요한 때가 많다. 문제는 누가 그런 능력을 갖추고 있는지 알기 어렵다는 점이다. 그럴 때 조력자가 당신을 추천하면, 당신의 진짜 가치가 빛나게 된다.

우리가 가치 판단을 내릴 때는 판단의 기준점이 필요하다. 기존과 다른 새로운 문제 앞에서 결정을 내려야 할 때는 혼란을 느낀다. 판단 기준이 없다면 혼란이 더욱 가중된다. 누구나 혼란에서 빨리 빠져나오고 싶은 욕구가 있다. 따라서 믿을 만한 사람이 판단 기준을 제시하면 맹목적으로 그 기준을 따르게 된다. 평소 잘 알지 못하는 지역에 집을 사려면 그 동네에서 오래 일한 공인중개사를 찾을 수밖에 없다. 거래 여부는 공인중개사의 의견이 큰 영향을 미치게 된다.

우리 안에는 미처 발견하지 못한 커다란 잠재력이 숨어 있다. 평생 머리를 써도 뇌의 아주 일부분만을 사용한다는 어느 과학자의 연구 결과처럼, 우리는 직장에서 잠재력의 작은 부분만 사용한다. 커다란 잠재력이 잠들어 있는데 직장생활 내내 이것을 한 번도 제대로 써보지 못한 채 은퇴한다면 아쉬운 일이다.

뛰어난 예술품은 조력자의 작품

예술품의 가치는 어떻게 매겨질까? 작품의 가치는 처음 거기에 가치를 매기는 화랑에 의해 초기 수준이 정해진다. 유명 작가의 작품은 점점 더 가치를 인정받아 가격이 올라가기도 하지만 대부분의 평범한 작가들은 한 번 가치가 매겨지면 거기서 크게 벗어나지 못한다. 주관적 시각에 따라 평가가 달라지기 때문에 예술 분야에서는 사회적 네트워크가 중요하다. 그래서 작품의 가능성을 평가하고 발굴하는 일을 하는 사람들이 존재한다. 그게 화랑의 역할이다.

대니얼 커너먼(Daniel Kahneman) 교수는 에베레스트 산의 높이를 맞추는 실험을 해보았다. 한 그룹은 에베레스트가 600미터보다 높은지 낮은지 대답해야 했다. 그다음 자율적으로 높이를 가늠하게 했다. 다른 그룹은 그 산이 14,000미터보다 높은지 낮은지 대답해야 했다. 이후에 산의 높이를 가늠하도록 했다. 에베레스트의 실제 높이는 8,800미터다. 600미터라는 비교 질문을 받은 첫 번째 그룹은 대체로 에베레스트의 높이를 낮게 대답했다. 반대로 14,000미터라는 비교 질문을 받은 두 번째 그룹은 높은 답을 제시하는 사람이 많았다.

이러한 현상을 앵커링 효과라고 부른다. 앵커는 배의 닻을 의미한다. 마치 배가 닻을 내린 자리에서 크게 움직이지 않는 것처럼 우연히 접하게 된 정보가 선입견으로 작용한다. 이 정보와 비슷한 수준에서 우리 생각은 고정된다.

사람을 평가하는 데도 이 앵커링 효과가 힘을 발휘한다. 몇 번 동료의 평판이 언급되고 나면 그것이 당신의 절대적인 평가가 되어버린다. 특히 그가 조직 내에서 일을 잘한다고 알려진 고수이거나 다양한 업무를 통해 여러 사람과 네트워크를 보유하고 있는 사람이라면 그의 추천은 결정적인 힘을 발휘한다. 사람의 가치는 다른 어떤 것보다도 측정하고 평가하기 어렵다. 그러다 보니 고수의 평가에 의존하게 된다.

스스로 나의 능력을 마케팅하면 어떨까? 이제는 퍼스널 마케팅의 시대가 아닌가? 게다가 SNS의 발달로 스스로 자신을 알리기 어렵지 않은 시대가 되었다. SNS에서 활동하는 인플루언서들은 스스로 자신을 홍보하여 영향력을 발휘하고 있다.

스스로 자신을 포장하여 알리는 행동은 신뢰도를 떨어뜨린다. 몇 년 전 우리 회사의 새로운 금융 상품이 꽤 좋은 실적을 냈다. 그러자 마케팅 담당자인 T차장이 자신의 성과라며 스스로 소문을 내고 다녔다. 점심 약속이나 술자리를 통해 자신을 홍보하는 T차장을 동료들은 탐탁지 않게 여겼다.

조직에는 묵묵히 일하는 사람과 하는 일은 많지 않은데 자기를 알리기 위해 분주한 사람이 있다. 동료들은 과하게 자신을 알리려 애쓰는 사람을 잘 믿지 않는다. 자기 실력을 과대 포장하여 알리려는 사람이 워낙 많고, 이미 그들에게 많이 속았기 때문이다.

그러므로 자신을 직접 알리려 하기보다는 사회적인 영향력을 갖춘 사람이 나를 지지하게 하는 편이 효과적이다. 사내에서 신뢰받는 사람이 내 잠재력을 언급해주면 나의 진짜 가치가 알려지게 된다. 가수는 춤과 노래 실력을 키우고, 홍보는 기획사가 담당하는 편이 더 큰 효과를 발휘할 수 있다. 빨리 알려져서 능력을 인정받고 싶다고 하더라도 우선 자신의 능력을 키워 성장하는 것이 먼저다. 그러면서 좋은 동료들과 교류하다 보면 당신의 잠재력을 발견하고 그걸 알리기 위해 발 벗고 나서 줄 조력자를 만날 수 있을 것이다.

가슴 뛰게 하는
사람 만나기

Z부장은 글로벌 기업 GE의 한국 지사에서 경력을 쌓고 컨설턴트로 우리 회사에 왔다. 당시는 웬만한 직장인이라면 GE의 전 회장 잭 웰치의 책을 한 권씩 들고 다녔고, 그들의 경영 방식과 인사 제도가 글로벌 스탠더드로 통용되던 시절이었다. 회사 안에는 Z부장이 GE 출신이라는 이유만으로도 그를 우러러보는 사람이 많았다. 그는 화려한 경력에 비해 매사에 겸손했고 또 친절했다.

Z부장이 기억에 남는 것은 누구보다도 일에 열정적이었기 때문이다. 40대 후반의 적지 않은 나이였지만 일을 할 때면 신입사원보다도 눈을 빛내곤 했다. 대부분의 프로젝트가 그렇듯이 후반으로 작업이 치달을수록 프로젝트에 몸담은 직원들은 지쳐갔다. 회사에서는 많은 돈과 시간을 투자했기 때문에 우리

가 거창한 성과를 빨리 보여주길 원했다.

우리의 성장을
돕는 사람

　각 부서에서 차출된 직원들은 자기 부서의 업무 효율을 획기적으로 개선해야 했다. 처음부터 모든 업무에서 그렇게 획기적인 성과가 나오기는 힘들다는 사실을 잘 알고 있었다. 그러나 프로젝트의 성과를 보고받는 경영진은 기대만큼 성과가 나오지 않았다는 사실을 받아들이려 하지 않았다.

　점점 프로젝트에 대해 토의하는 시간보다 불만을 늘어놓는 시간이 길어졌다. 불만을 쏟아내느라 하루 대부분을 흘려보내는 날도 있었다. Z부장은 어떻게든 프로젝트를 끌고 가려고 이리저리 직원들 사이를 뛰어다니며 격려하고 업무 진도를 챙기기 바빴다. 그런데 어느 날 정기 미팅에서 프로젝트 고참 차장 하나가 넋두리를 시작했다.

　"부장님, 각 부서의 업무 효율을 동시다발적으로 개선한다는 이번 프로젝트는 처음부터 실현 불가능했던 것인지도 모릅니다. 일부 업무에서는 성과가 나오고 있으니 이걸 적당히 포장하는 선에서 프로젝트를 마무리하시죠. 컨설턴트 분들은 최선을 다했다고 보고하겠습니다. 지금까지 성과 정도면 경영진도

컨설팅 회사에 불만은 없을 겁니다."

Z부장은 평소와 다름없이 부드럽고 차분하게 미소를 잃지 않고 대답했다.

"맞습니다. 전사적인 프로젝트를 진행하면서 모든 분야에서 골고루 성과가 나오긴 어렵겠지요. 하지만 이렇게 한번 생각하면 어떨까요? 여기 모인 직원 중에는 앞으로 한창 성장할 차세대 인력들이 많습니다. 저는 단기적인 성과가 아닌, 차세대를 양성하는 것이 이번 프로젝트의 또 다른 목적이라고 생각합니다. 저는 각 부서를 대표해서 모인 이분들이 업무 분석 기법을 배우고, 자신의 업무 프로세스를 어떻게 개선할지 찾는 과정을 멈추지 않겠습니다."

다양한 프로젝트에 참여하면 새로운 경험을 통해 성장할 수 있는 것이 사실이다. 수수료를 지불받은 만큼만 일하면 되는 외부 컨설턴트의 입에서 차세대 직원들의 성장이라는 말이 나오자 누구도 반론을 제기하지 못했다.

그 뒤로 그는 자신이 맡은 역할을 더 열심히 수행했다. 마치 스스로 뱉은 말을 증명이라도 하려는 듯 보였다. 나는 나이가 가장 많은 그가 매일 밤, 늦은 시간까지 일에 몰입하는 모습을 보고 안쓰러운 나머지 한 마디 건넸다.

"부장님, 우리 회사 선배님들은 이미 프로젝트를 계속할 의사가 없어 보이네요. 아무리 애를 태운다 해도 물가에 끌고 간 말에게 억지로 물을 먹일 수는 없지 않겠습니까?"

Z부장은 여느 때와 같이 미소를 띠며 말했다.

"저는 글로벌 기업에서 많은 사람을 만나며 깨달은 게 있습니다. 일의 성과는 내가 전부 컨트롤할 수 없지만 일을 대하는 내 마음은 컨트롤할 수 있다는 사실입니다. 저야 여기서 프로젝트를 대충 마무리하고 떠난다고 해도 누가 뭐랄 사람이 없겠지요. 그런 식으로 자신에게 나태해지면 다음 프로젝트에서도 '이만하면 됐지'라는 생각이 저를 잠식할 겁니다. 결과가 더 좋아지지 않는다고 해도 계속 최선을 다한다면 스스로 한계를 극복하려 애썼다는 자산이 남게 됩니다."

시간이 지나자 Z부장의 마음이 직원들에게 전해지는 듯 보였다. 직원들의 불만이 점점 가라앉고 다시 프로젝트에 몰입하는 사람이 늘어나기 시작했다. 몇 주 뒤, 프로젝트가 완료되었고 이제까지 컨설팅 중에서 가장 성공한 사례라는 칭찬이 쏟아졌다. 모두가 Z부장이라는 컨설턴트의 열정 덕분이라고 입을 모았다.

단체 경기를 해본 사람은 동료가 있다는 사실이 얼마나 큰 힘이 되는지 경험한다. 동료와 호흡을 잘 맞추면 원래 기량보다 더 뛰어난 실력을 발휘한다. 일할 때도 마찬가지다. 심리학자들은 누군가가 같은 공간에서 함께 일하면 자연스럽게 속도가 가장 빠른 사람의 업무량을 따라가게 된다는 사실을 발견했다. 그 결과 구성원 모두의 성취가 높아지게 된다.

조직에 속해 있어 좋은 점은 롤 모델로 삼을 사람이 많다는 사실이다. 이 많은 사람 중에 분명 Z부장과 같은 사람이 있다. 매일 자기 일에 몰입한다. 자기 마음가짐을 정기적으로 성찰하고 열정을 잃지 않으려 애쓴다. 이런 동료 곁에 있으면 일을 즐겁게 할 수 있다.

가슴 뛰는 삶을 살고 있는가

교육생이 되어 회사 연수원에 갔을 때의 일이다. 연수원 측은 1층 로비 벽면 한쪽을 신입사원이 만든 타일로 장식해놓았다. 각자가 신입사원으로서 자신의 포부를 담아 타일에 글씨와 간단한 그림을 제출하고 그것을 이어붙인 것이었다. 과연 신입사원들은 무슨 생각을 했을까? 지나가는 사람들 모두가 타일의 문구를 한 번씩 훑어보고 지나갔다. 신입사원 교육 담당자는 훗날 신입사원이 자신의 문장을 보며 초심을 깨닫기 바라며 이벤트를 기획했을 것이다.

그런데 모든 신입사원이 교육 담당자의 의도를 이해한 것은 아니었나 보다. 한 친구의 문구가 유독 눈에 들어왔다.

"인생 이모작을 넘어 삼모작에 성공하자!"

여기서 이모작은 1년 동안 같은 논에 벼를 두 번 심고 수확하듯 첫 직업을 성공적으로 마무리하고 제2의 직업을 얻는다는 뜻이다. 최근 100세 시대의 도래로 평생 세 개의 직업 스테이지를 갖는다는 뜻의 삼모작이라는 단어까지 생겨났다. 이제 막 사회생활을 시작하면서 그 끝인 은퇴까지 걱정하는 셈이다. 그들이 느끼는 미래의 불안이 얼마나 깊기에 이렇게 이른 고민을 하는 것일까 생각하니 안타까웠다.

물론 미래 준비를 게을리해서는 안 된다. 그러나 미래 준비에만 집중하다 보면 지금의 일에서 눈이 멀어진다. 학교 다닐 때 현재 단원을 제대로 이해하지 못하면서도 선행학습에만 매달리는 친구들이 있었다. 진도를 많이 나가면 충분히 준비한 것 같아 뿌듯한 마음이 든다. 진도가 빠르다고 해서 공부를 많이 했다는 뜻이 아님은 시험과 같은 난관을 겪고 난 후 깨닫는다.

현대인은 불안과 함께 살아야 하는 숙명을 가졌다. 불확실한 미래에 준비되어 있어야 한다는 강박관념에 하루도 편하게 지낼 수 없다. 사실 이러한 조바심은 몰입이 해답이다. 하루하루 일에 몰입해 지내다 보면 막연한 불안은 잊게 된다.

현재의 일에 몰입하여 실력이 늘면 자연스럽게 미래를 준비하게 된다. 어느 정도 고수의 수준에 도달해 보아야 다른 분야에서도 높은 수준에 이르는 방법을 깨닫게 된다. 이게 진짜 인생 2모작, 3모작을 달성하는 길이다. 역설적으로 들리겠지만, 미래를 잊고 현재에 몰입해야 미래를 준비하게 되는 셈이다.

혼자 최고가 되려고 애쓰지 말고 좋은 사람을 곁에 두고 배우면 된다. 좋은 생각과 태도는 반드시 다른 사람에게 전파되는 힘을 가지고 있다. 그의 열정이 나를 움직이면 이번에는 나의 열정이 그를 감화시킨다. 서로서로 좋은 영향을 주고받으면서 더 크게 성장한다.

일 잘하는 사람이 어느 날 갑자기 번 아웃에 빠지는 모습을 종종 보곤 한다. 회사에서 최고의 인재라 불리던 사람이 어느새 자신의 자리를 지키기에만 급급해하기도 한다. 혼자서 모든 것을 감당하려 하는 사람은 언젠가 한계에 이른다. 반면, 함께 서로를 돕고 격려하는 그룹은 지치지 않고 전진한다.

일터에는
왜 산소 같은 선배가 없을까?

　"차장이 무슨 모바일 마케팅을 담당하겠다는 거야! 자네가 인스타그램을 제대로 알기나 해? 이번 마케팅은 김 주임이 맡아서 해. 모바일 관련 프로젝트는 신세대가 해야지. 구세대가 신세대 고객들의 마음을 어떻게 알겠어?"

　최근 모바일 관련 프로젝트 회의에서 자주 듣게 되는 말이다. 박 차장은 모바일이라고 무조건 신세대가 더 잘 알 것이라는 편견이 갑갑하다. 마케팅과 관련해 업무 지식이나 경험이 부족한데 모바일이라는 용어가 붙는다는 이유로 큰 책임을 떠맡게 된 김 주임도 당혹스럽긴 마찬가지다. 이런 일이 반복되면 박 차장과 같은 기성세대는 디지털화에 대한 불만을 김 주임에게 표출하게 된다. 빠르게 변화하는 외부 환경을 두려워하는 마음이 김 주임을 원망하는 마음으로 투영된다. 그리고 이

렿게 세대 간에 벽이 생기고 구별 짓기가 행해진다.

구글의
'산소 같은 리더'

인간은 자신이 속한 집단만의 관례나 문화를 만들어 타인과 자신을 구별 짓는다. 내부와 외부로 집단을 나누면 집단 내부의 결속은 더 단단해진다. 많은 권력자들이 대척점을 내세워 내부 구성원을 결집하는 방법을 즐겨 사용했다. 이렇게 구별 짓기가 생겨나면 새로운 멤버는 그 조직의 문화를 배우지 않고서는 진짜 구성원으로 인정받지 못한다.

구글에는 휴먼 애널리스틱스라고 불리는 인사 데이터 분석 팀이 있다. 이 팀에서 '산소 프로젝트'라는 이름의 빅 데이터 분석 작업을 했다. 산소 프로젝트는 어떤 유형의 리더가 이끄는 팀이 더 좋은 성과를 냈는지 밝히고자 했던 프로젝트였다. 좋은 리더는 조직의 산소와 같다는 뜻으로 명칭을 이렇게 붙였다고 한다. 1년이 넘는 기간에 걸쳐 리더에 관한 데이터를 1만 건 이상 수집하고 분석했다.

조사 결과 직원들은 전문성을 가진 리더보다는 인간미가 있는 리더를 선호한다는 시사점을 얻었다. 좋은 리더는 1:1 미팅 기회를 자주 만들어 대화를 나눈다. 일뿐만 아니라 일을 잘하기 위해 직원들의 세세한 개인사까지 관심을 둔다.

우리에게는 늘 한 가지 의문이 있다. '왜 우리 회사에는 산소 같은 선배, 리더가 없을까? 왜 아무도 나의 성장에 관심이 없고 친절하게 가르쳐주지 않는 것일까?'

기성세대는 신세대에게
두려움을 투영한다

오랜만에 친구를 만났다. 서로의 직장생활에 관한 이야기가 이어졌다. 얼마 전 팀장이 된 친구는 유독 '요즘 세대' 이야기를 많이 꺼내놓았다.

"요즘 친구들은 회식도 싫어하고 심지어 점심시간에 같이 밥 먹는 것도 꺼려. 업무에 대해 피드백을 좀 심하게 했다는 이유로 대놓고 싫은 표정을 짓더라고. 그래서 나는 아예 그 친구들과는 밥도 술도 먹을 생각을 안 해. 요즘 애들과 얽혀봐야 좋을 게 없더라고."

리더십을 주제로 하는 모임에 나가면 'MZ세대와 함께 일하기'라는 주제가 빠지지 않는다. 디지털 환경에 익숙하고 어렸을 때부터 스마트폰을 사용해 온 세대라 이전 세대와는 다르게 대해야 한다는 분석이 등장하기 일쑤다. 마지막에는 그들과 함께 일하기 위해서는 리더가 바뀌어야 한다는 틀에 박힌 해법이

제시된다.

기성세대가 MZ세대를 얼마나 낯선 인종으로 보고 있는가는 임홍택 작가의 《90년생이 온다》라는 책에 잘 드러난다. 이 책이 베스트셀러가 되면서 우리 사회의 MZ세대와 관련한 논의가 절정을 이루었다. 안타깝게도 그 대다수 논의는 MZ세대는 뭔가 낯설고 굉장히 다르다는 편견을 만들었다. MZ세대 자신은 이 현상을 어떻게 해석하는지 모르겠지만 그들이 원하든 원하지 않든 혼밥과 혼술은 본인들의 당연한 특징이 되고 말았다.

그들이라고 혼자서 밥 먹는 게 편하기만 하지는 않을 것이다. 개중에는 사람들과 함께 식사하며 대화를 나누고 웃고 떠들기를 바라는 이도 많으리라 생각한다. 그런데도 기성세대에 의해 혼자 밥 먹는 사람으로 정의되고 말았다.

MZ세대의 특징 중 하나는 공정성을 굉장히 중요하게 생각하는 점이라고 한다. 일부 대기업을 중심으로 성과급 산정 기준에 관한 MZ세대의 이의 제기가 그 사례로 언급된다. 그들은 얼마를 주느냐보다 얼마나 공정하게 산정되었느냐에 대해 관심을 갖는다고 분석한다.

이는 비단 MZ세대의 요구만은 아니다. 지금까지 우리 사회는 성과를 우선하고 공정한 분배 논의는 일단 뒤로 미뤄두었다. 어느 정도 성과가 축적되었으므로 공정성 논쟁이 늘어날 수밖에 없다. 비단 MZ세대뿐만 아니라 대한민국 직장인 누구나 회사가 알아서 챙겨주는 성과급에 만족하지 않는 상황이 되었다. 이전에는 공정한 보상 논의가 이루어질 소통 창구가 부족했다. 반면 지금은 블라인드, 잡플래닛 등 직장인이 자기 회사에 관해 이야기할 창구가 많아졌다. 그러다 보니 술자리 뒷담화에 불과하던 성과급 산정 기준이 공론화되었다.

MZ세대를 대하는 기성세대의 태도를 보면 마치 자신들의 두려움을 이들에게 투영하는 것처럼 보인다. 코로나-19 팬데믹을 계기로 디지털화와 언택트 트렌드를 누구나 피부로 느낄 수 있게 되었다. 기성세대에게는 변화하는 트렌드가 직장생활의 커다란 장벽이 되고 있다.

이미 MZ세대는 우리 기업문화에서 별종으로 구분 지어졌다. 그들이 기존 조직의 정식 구성원이 되기 위해 겪어야 하는 진입 장벽이 그 어느 때보다 큰 상황이다. 개성을 중요시해서 선배들과 어울리고 싶어 하지 않은 것이 아니라, 그러기도 전에 이미 어울리기 힘든 사람으로 낙인찍어 놓은 셈이다.

이러한 진입 장벽은 요즘 직장인의 배움과 성장에 큰 걸림돌이 되고 있다. 회사의 업무처리 방법은 전임자의 수많은 시행착오가 쌓여 현재의 모습이 된다. 개인이 아무리 똑똑하다고 해도 적절한 피드백과 코칭이 없다면 업무 능력을 키우는 데에 한계가 있기 마련이다. '이 친구들은 달라'라는 생각으로 선배들이 보이지 않는 벽을 세운다면 MZ세대의 성장은 더딜 수밖에 없다.

요즘 세대와 깊이 얽히기를 꺼리는 팀장 친구에게 내가 먼저 말을 꺼냈다.

"나는 팀장은 아니지만 그래도 후배들과 정기적인 코칭 시간을 갖고 업무 역량을 성장시킬 방법에 대해 같이 이야기하면 다들 좋아하던걸. 요즘 세대라고 성장 욕구가 없는 것도 아닐 텐데 너무 선입견을 가지고 바라보는 것 아냐?"

친구는 손사래를 치며 딱 잘라 말했다.

"이 친구가 큰일 날 소리 하네. 그러다가 잔소리나 하는 꼰대로 찍힐걸? 코칭이네 뭐네 그런 소리 하지 말고 욕먹기 전에 걔네들 멀리하는 게 상책이야."

같은 회사 내에서도 더이상 우리라고 생각하지 않는 신세대와 기성세대. 지금처럼 서로가 선을 긋는다면 양쪽 모두의 성장에 큰 장해물이 될 수밖에 없다.

배우는 사람에게도
합당한 태도가 필요하다

그렇다고 기성세대만 변화하면 된다는 의미는 아니다. 가만히 있으면 산소 같은 선배가 나타나 나를 가르쳐줄 리 만무하다. 보통 일 잘하는 선배들은 일을 도맡는 경향이 있다. 다른 사람보다 결과가 뛰어나기 때문에 관리자 입장에서는 자꾸

그에게만 일을 맡기게 된다. 일을 잘하면 점점 일이 늘어나고 다른 사람보다 바빠지는 악순환이 반복된다. 이 때문에 일 잘하는 선배일수록 후배를 살피고 지도해줄 시간을 갖기 어렵다.

선배가 먼저 나서서 일을 가르쳐줄 상황이 되지 않는다면 후배라도 적극적으로 배우려 해야 하지 않을까. 직장생활을 하면서 "저, 이것 좀 알려주실 수 있을까요?"라고 말하는 후배를 냉혹하게 거절하는 사람은 단 한 명도 보지 못했다. 누군가에게 도움을 청하는 행위는 상대방을 가르쳐줄 만한 능력이 있는 사람으로 인정한다는 뜻이다. 선배 입장에서는 간접적인 인정이 담긴 상황이기 때문에 뿌듯한 마음이 들지, 싫다는 생각이 들지는 않는다.

그럼 배우는 사람은 어떻게 하면 빨리, 효과적으로 선배의 통찰을 배울 수 있을까? 보통의 초보들은 단순히 눈앞의 일을 처리하는 방법만 배우려 든다. 성장하려면 일을 하는 방법에 초점을 맞추어서는 안 되고 일을 바라보는 '시점'을 배워야 한다. 업무를 보는 관점에 따라 업무 습득이 빨라지기도 하고 늦어지기도 한다.

좀처럼 업무 습득이 빨라지지 않는 사람은 눈에 보이는 그대로 업무의 일부만을 바라본다. 업무 내용을 조각조각 끊어서 보면 그냥 단순한 과업의 나열일 뿐이다. 일을 하는 전체 그림이 그려질 리 없고, 자연스럽게 몸에 체화되는 것은 더더욱 어렵다.

업무를 통해 크게 성장하는 사람은 일이 아니라 사람, 그리고 그 사람이 일을 바라보는 시점을 관찰한다. 일을 제대로 배우려면 선배가 어떤 식으로 일을 처리하는지 그 사람의 머릿속을 읽으려 노력해야 한다. 일할 때 선배의 의식 흐름을 읽을 줄 알아야 한다. 선배가 누구를 염두에 두고 어떤 생각을 하며 업무를 처리하고 있는지를 면밀하게 관찰해보자. 이런 방식으로 반복해서 관찰하다 보면 어느새 선배처럼 전체적인 상황을 파악하며 일하고 있을 것이다. 일 잘하는 사람을 관찰하는 방법을 깨달으면 업무 능력은 놀랍도록 빠르게 성장한다.

"선배가 일을 제대로 가르쳐주지 않는다"며 투덜거리는 사람들이 있다. 누군가 가르쳐주기만을 기다려서는 어떠한 성장도 일어나지 않는다. 본인이 본받을 사람을 관찰하면서 배우려 하지 않는 게 문제의 원인이다. 가르쳐주기를 원하기 전에 배움의 기본 태도가 되어 있는지 돌아봐야 한다.

많은 후배들이 '당연히 선배라면 나를 가르쳐줘야 하고, 회사는 그 과정을 지원해줘야 한다'고 생각한다. 선배들은 후배의 이런 태도를 싫어한다. 선배들은 '직장에서 학교에 다닐 때처럼 생각하고 행동하는 후배들이 많다'고 지적한다. 직장에서도 가르치고 배우는 일이 일어난다. 학교는 배움을 위해 존재하지만 회사는 일을 가르치기 위해 만들어진 곳이 아니다. 따라서 배우기 위해서는 직접 사람들을 찾아다니며 가르쳐달라고 요청하면 좋다. 회사와 학교의 가장 큰 차이점은 회사에서는 가만히 있으면 누구도 가르쳐주지 않는다는 점이다.

선배의 마음을 움직이면 선배는 당신의 강력한 지지자가 되어 준다. 배우려는 열망이 있는 사람은 선배를 팬으로 만든다. 이 친구가 어떻게 성장하는지 지켜보고 싶다는 생각이 들게 된다.

선배의 확신을 앞당기는 방법은 스스로 성장의 로드맵은 만들고 그것을 정교화하는 것이다. 성장의 목표가 뚜렷한 사람은 여럿 중에서도 쉽게 드러나기 마련이다. 하지만 대다수의 직장인은 성장의 목표가 없거나 구체적이지 않다. 막연히 일을 잘해서 인정받고 싶다고 생각할 뿐 명확한 성장의 그림이 없다. 이래서는 상대의 마음을 움직일 수 없다.

사람을 통해
배운다는 것의 의미

임원이나 팀장 등 소위 관리자 직함을 가진 선, 후배들과 함께한 저녁 자리였다. 술기운이 좀 오르자 누가 먼저랄 것도 없이 자연스럽게 회사생활 이야기가 이어졌다. '진짜 일 잘하는 사람의 지혜, 소위 일머리라는 게 정말로 있을까?'라는 주제에 이르자 본격적인 저녁 자리 토크가 시작됐다.

갑론을박이 오가던 중 스펙이라는 기준은 아무 소용이 없더라는 데 의견이 일치했다. 학교, 전공, 자격증, 토익 점수 등등 사람을 뽑을 때 쓰는 검증 절차가 많지만 일 잘하는 능력과는 상관이 없다. 그런데도 기업이 스펙 좋은 사람만 채용하는 것처럼 보이는 이유는 무엇일까?

일머리가
과연 존재할까?

입사 지원서의 개인정보를 전혀 알 수 없는 상태에서 진행하는 블라인드 면접이 아니라면, 면접관은 은연중에 스펙이 좋은 사람을 선택하는 경향이 있다. 면접관도 평가를 받는 위치에 있다 보니 자신이 지원자를 제대로 선발했는지 증명하기 위해 애쓴다. 눈에 보이지 않는 지원자의 역량을 평가하는 일은 꽤 위험이 크다. 면접관은 자신이 비난받을 위험을 조금이라도 줄이기 위해 자격조건이 좋은 사람을 고르는 오류를 범한다.

팀장 친구들은 인물 정보가 조금만 있어도 스펙을 보지 않는다고 했다. 사내에서 TFT(태스크 포스 팀)를 꾸릴 때 요건을 보고 구성원을 결정하는 관리자는 없다. TFT가 성공하려면 업무 능력, 대인관계, 소통역량과 같은 자질이 더 중요하다는 사실은 누구나 잘 안다. 기존 직원은 어느 정도 인물 정보가 쌓여 있기 때문에 스펙에 의존하지 않아도 어떤 역량을 가졌는지 알 수 있다.

회사에는 분명히 '일이 되게 하는 사람'이 있다. 흔히 이런 능력을 일머리라고 표현한다. 일머리를 가진 사람은 어떤 종류의 일이라도 다 해낸다. 어떤 어려운 문제도 그, 그녀에게만 넘어가면 해결된다. 그날 저녁 토크의 결론은 일머리가 분명 존재한다는 사실이었다. 신기하게도 그 일머리는 어떤 직무에서든 통용된다.

심리학자 스턴버그(Robert Sternberg)는 이렇게 일이 되게 만드는 능력을 '성공지능'이라는 말로 표현한다. 사실 성공지능은 지능이나 지식과는 관련이 적다. 오히려 '지혜'에 가까운 개념이다. 스턴버그는 성공지능이 암묵적 지식으로 이루어졌다고 보았다. 암묵적 지식은 우리 내면에 깊이 자리 잡고 있어 말로 표현하거나 다른 사람에게 전달하기 어려운 지식이다. 이런 암묵적 지식은 학교에서 배우기 어렵다. 현장에서 몸으로 겪어야만 하는 실천적 지혜로서 그것이 일의 성패를 결정한다.

실천적 지혜는 책이나 교육을 통해 배우기 어렵다. 현장에서 경험을 쌓으면서 실천적인 지혜를 만들어갈 수밖에 없다. 성공지능은 사람을 통해, 사람을 겪으면서 배운다. 우리는 자신이 경험한 다른 사람의 모습을 밑거름으로 삼아 행동한다.

후배에게 업무를 위임하고 장기간 교육을 간 적이 있다. 새로 생긴 지역 본부에 맞도록 기존의 교육체계를 손보는 일이었다. 장시간에 걸쳐 업무 방법을 알려주었지만, 후배가 막상 일을 처리하려고 하니 미처 생각지 못한 문제들이 쏟아졌다. 교육 중이라 전화로 어떻게 일을 처리해야 하는지 설명했다. 후배는 꽤 많은 시행착오를 경험해야 했다. 결국 내가 돌아간 후에 직접 시범을 보이자 후배는 바로 무엇이 잘못되었는지 깨달았다.

줄넘기를 말이나 글로 설명한다면 고작해야 손으로 줄을 돌리면서 적당한 타이밍에 줄을 뛰어넘으라는 정도밖에는 전달하지 못한다. 실제 줄넘기하는 사람을 보면 그의 리듬, 호흡, 몸동작을 보면서 줄넘기를 익힐 수 있다. 일도 마찬가지다. 일하는 사람의 모습을 생생하게 지켜보고 그 일에 참여하는 방법이 가장 빠르다.

사람을 통해 배워야 한다면 누구에게 배우느냐가 중요해진다. 일도 잘하고 자신의 노하우를 효과적으로 전달해주는 고수를 만나면 빠르게 성장한다. 물론 회사에서 함께 일할 사람을 임의로 결정할 수는 없다. 자기가 속한 팀에 좋은 리더, 좋은 롤 모델이 없다고 한탄하는 사람이 많다. 그런데 함께 일할 사람을 선택할 수는 없지만, 관심을 두고 세심히 관찰할 사람을 선택할 수는 있다.

P부사장의
문제해결 지능

P부사장은 '30년 동안 직장생활을 하면서 단 한 명의 적도 만들지 않았다'라는 평을 듣는 매우 온화한 분이었다. 어느 날 P부사장과 점심을 함께 하게 되었다. 식사 중 나눈 이야기를 통해 굉장히 소탈한 분이라는 소문이 사실임을 확인할 수

있었다. 자신의 직장생활 에피소드를 많이 들려주었는데 그게 "나 때는 말이야~" 투가 아니라 교훈이 담긴 스토리라 흥미진진했다. 특히 검찰청에서 조사받을 때 에피소드가 뇌리에 깊이 남았다.

P부사장이 막 임원이 되었을 때 이야기다. 당시 그가 몸담았던 회사는 정치자금과 관련된 의혹을 받고 정치 분쟁에 휘말리게 되었다. 재무 담당 임원이었던 P부사장도 검찰 조사 대상이 되었다. 검찰 조사쯤이야 드라마에서 익히 보던 장면이라고 자신을 달래보았지만, 현실은 드라마와 상당히 달랐다. '피고 측'이라는 용어만으로도 그는 급격히 위축되었다. 검사실의 중압감에 자신의 숨소리조차 귀에 거슬릴 지경이었다. 그럼에도 P부사장은 긍정적인 태도를 잃지 않으려고 노력했다.

'긍정적으로 생각하면 어떤 상황에서도 해결의 실마리를 찾게 된다. 하지만 부정적으로 생각하면 아무것도 보지 못한다'는 것이 평소 그의 신조였다. 비록 검찰 조사를 받고 있지만, 곧 모든 일이 잘 풀릴 것이라고 되뇌었다.

조사를 받는 동안 취조실 밖 대기실에서 기다리는 시간이 많았다. 상황에 대해 긍정적으로 생각하다 보니 마음이 편해지고 자신이 어디에 있는지와 상관없이 평정심을 가질 수 있었다. 결국 조사실의 딱딱한 나무 의자에 누워 새근새근 잠이 들었다. 그러자 담당 검사가 어이없다는 듯이 얘기했다.

"아니, 이런 상황에서 참 잘도 주무시네요. 그래요, 켕기는 게 있다면 그리도 평온한 표정을 짓고 있을 순 없겠죠. 조사를 더 해봐야 알겠지만 숨기는 게 없어 보이긴 합니다."

다행히 사건은 빠르게 다른 정치 이슈에 묻혔고 세간의 관심에서 멀어졌다. 검찰 조사도 시들해졌다. P부사장은 무혐의 처분을 받게 되었다. 결국은 웃으며 검찰청을 걸어 나왔다. 역시 자신의 신념이 옳았다는 사실에 기뻐하면서….

시간이 흘러도 P부사장의 검찰청 에피소드가 기억에 생생히 남는다. 그 뒤로 어려운 일이 생길 때마다 문득문득 그 검찰청 이야기가 떠오른다. 그때마다 나도 어떻게 하면 상황을 긍정적으로 해석하고 바라볼까 생각한다.

이후에도 나는 P부사장의 말이나 행동에 늘 관심을 가졌고 많은 가르침을 얻었다. 의도적인 가르침은 없었지만, 배움은 있었던 셈이다. 배움은 말이 아니라 행동에서도 나온다. P부사장은 내게 어떻게 하라고 지시를 하거나 잔소리한 적이 없었다. 함께 어울리며 모르는 새에 그의 태도가 내게 스며들었다. 그러므로 누구를 곁에 두고 누구와 오랜 시간을 함께 보낼지 신중하게 선택해야 한다. 아무나 곁에 두면 당신 또한 그 '아무나'가 될 수 있다.

직장생활의 선물,
성공지능

장기간의 직장생활로 우리에게 남는 대가는 무엇일까? 안타깝지만 돈은 아니다. 높은 연봉을 받는다면 부를 축적할 확률이 높겠지만, 반드시 그런 것도 아니다. 오랫동안 억대 연봉을 받고도 얼마 모으지 못하고 은퇴하는 상사들을 많이 보았다. 돈을 버는 것도 중요하지만 지키는 기술도 있어야 부자가 될 수 있다.

전문 지식도 아니다. 후배 몇몇 사람에게 직장생활에서 얻는 혜택이 무엇이라고 생각하는지 물었다. 직무와 관련된 전문 지식, 그리고 경험이라고 대답하는 후배가 많았다. 과거에는 한 번 전문성을 몸에 익히면 그 기술로 평생을 살아가는 일이 어렵지 않았다. 지금은 배우고, 배운 것 중 쓸모없는 지식을 버리고, 다시 배워야 하는 시대가 되었다. 빠르게 변하는 세상에서 지식이나 경험은 금방 낡은 유산이 되어버린다.

회사에서 얻게 되는 가장 소중한 자산은 '성공지능'이라고 생각한다. 창업에 뛰어든 한 선배는 회사가 안정기에 도달하기까지 수천 가지 문제에 부딪혔던 경험을 들려주었다. 매일 다투고 남 탓만 하는 직원, 복지부동인 관계 기관, 서비스에 불만을 품은 고객…. 기업 경영에 그렇게 많은 종류의 문제가 도사리고 있다는 사실에 새삼 놀랐다고 한다. 직장생활을 통해 문제를 해결하는 지혜를 키운 사람은 이러한 복잡다단한 문제에도 불구하고 일이 되도록 만든다. 회사생활이 주는 최고의 퇴직금은 '일머리'인 셈이다.

일머리는 존재한다. 하지만 스펙과는 전혀 관련이 없다. 때와 기회를 놓치지 않는 눈치, 일을 대할 때의 긍정적 태도, 관련 있는 사람들을 설득시키는 열정이 일머리의 실체다. 일머리를 눈으로 확인할 수 있는 때는 제대로 일하는 고수를 만났을 때뿐이다. 예를 들면, 관계 기관의 담당자가 규정에 어긋난다며 도무지 협조하지 않으려 할 때, 이런 상황을 단박에 풀어내는 사람이 있다. 대화할 때의 자세, 논리적인 설득 방법, 그러면서도 상대방의 기분을 거스르지 않는 응대 등 여러 가지 요소가 복합적으로 작용한다. 이런 일 처리는 몇 마디의 말이나 글로 전달하기 어렵다. 곁에서 그 사람을 오래 겪어봐야 배울 수 있다.

사람과 직접 어울리며 배우는 과정은 단순히 지식을 익히는 것과는 다르다. 사람과 어울리다 보면 영역과 주제에 국한하지 않고 어떤 것이든 배울 수 있다. 그러니 단순히 그와 어울리며 무엇을 얻을지 미리 한정 짓지 말고 마음을 열고 바라보아야 한다.

나누면 더 커지는
성공 공식

깊은 관계를 맺고 마음을 나눌 사람이 없으면 일터에서의 삶이 팍팍해진다. 일은 항상 원하는 대로 술술 해결되지 않는다. 갖가지 문제를 만나 앞으로 나아가지 못하고 갑갑함을 느낀다. 당신에게는 응원하고 힘을 줄 사람이 필요하다.

유독 일이 잘 풀리지 않을 때를 만난다. 특히 기획서 작성 전에는 고민하고 주저하기 마련이다. 정말 쓰기 싫은 날이 있고, 내 제안을 뒷받침할 통계나 참고 자료를 찾느라 시간만 낭비하다 결과가 없는 날도 있다. 빈 페이지만 열어놓고 몇 시간이 지나도록 첫 줄을 채우지 못하기도 한다.

기획안이 쉽게 써지지 않는 이유는 잘 만들고 싶다는 욕심 때문이다. 지나고 나면 욕심이 과했다는 사실을 깨닫게 된다. 하지만 그 순간에는 초조함에 사로잡혀 상황을 제대로 보지 못하는 때가 많다. 그럴 때마다 커피 한 잔을 마시며 동료와 나눈 말에서 힘을 얻곤 했다.

"그동안 잘해 왔잖아. 이번이라고 다를 게 있겠어? 한 페이지만 제대로 작성해놓으면 금방이야. 글이란 일단 흐름을 타면 술술 풀어지게 되어 있어."

오랫동안 깊이 사귄
관계의 힘

같은 아픔을 겪은 사람, 같은 고민을 반복한 사람의 말은 묵직하게 남는다. 한 발을 더 내디딜 힘을 준다. 제자리에 멈춰 서서 나아가지 못하는 때 내 등을 살짝 밀어주는 동료가 얼마나 소중한지 모른다. 기본적으로 일의 성패는 일하는 사람의 태도가 결정한다고 말하는 사람이 많다. 그러나 아무리 태도가 좋은 사람이라도 어려움을 겪을 때가 있다. 잘해보려는 의욕이 과해 두려움이 되고, 열정이 오히려 서투른 일 처리를 하게 만든다. 이런 때 냉정하게 상황을 바라보고 조언해주는 동료의 도움이 필요하다.

언제든 '내 편'이 되어줄 사람에 대해서 생각해보자. 작은 성공은 혼자 이뤄낼 수 있을지 모른다. 그러나 커다란 성공은 조력자 없이는 이룰 수 없다. 휴먼 네트워크 분야 세계 최고의 권

위자라고 일컬어지는 바라바시(Albert Barabasi) 교수는 커다란 성공을 거둔 사람들의 공통점을 연구했다. 그 결과, 개인이 아무리 뛰어난 능력을 갖췄다 하더라도 그 능력을 발견하고 세상에 알려주는 역할을 하는 조력자가 없다면 성공할 수 없다는 점을 밝혔다.

경제적 보상보다는 동료의 인정이 나를 계속 일하게 만든다. 이상하게도 회사에서 일할 의욕이 사라지는 때는 경제적 보상이 끝나고 난 다음이다. 성과급으로 적지 않은 돈이 들어오기 전에는 기대감으로 마음이 설렌다. 막상 성과급이 입금되고 대출을 갚거나 급한 지출을 하고 나면 마음도 통장도 휑한 느낌만 남는다.

보상이 우리 마음의 빈 곳을 다 채우지 못해도 직장생활을 이어나가는 건 경제적 대가가 전부는 아니기 때문이다. 물론 삶을 꾸려가려면 경제적 대가가 필요하다. 하지만 그건 아주 일부분에 지나지 않는다. 일하면서 그때그때 이뤄지는 주변의 격려와 칭찬이 가장 큰 보람이다. 그 일이 얼마나 커다른 의미를 갖는지, 함께 일하는 사람은 알고 있다.

새로운 네트워크의
필요성

김영모 명장은 50년 가까이 제과 제빵 분야에서 일해

온 빵 만들기 달인이다. 천연 효모를 사용한 발효 빵으로 유명해져 서울 강남, 수원 등 여러 곳에 김영모 과자점을 운영하고 있다. 김영모 과자점의 성공 비결은 탁월한 신제품 개발 역량이다. 이곳에서는 다른 제과점에 비해 매우 다양한 빵을 내놓는다. 계절이 변할 때마다 신제품 라인을 선보인다. 제철 재료를 활용해 계절에 딱 어울리는 빵을 내놓아 새로운 맛을 찾는 고객들에게 인정받을 수 있었다.

이들이 계속해서 신제품을 개발할 수 있는 비결 중 하나는 자신들이 애써 만든 레시피를 공개하는 방법이다. 모든 조리법을 1~2년에 한 차례씩 정기적으로 출간한다. 이 레시피 책자는 경쟁자가 비슷한 상품을 만들기 쉽게 도와준다. 마치 경쟁자에게 빨리 따라오라고 손짓하는 셈이다.

레시피를 공개하는 이유는 스스로를 채찍질하기 위함이다. 김영모 과자점에는 오래 근무한 직원이 많다. 오랫동안 함께 고민하며 같이 성장해온 직원들을 우대하기 때문이다. 그런데 오래 일한 직원이 늘수록 현재에 안주하려는 사람도 같이 늘었다.

스스로 개발한 제품에 자부심을 가지는 것까지는 좋다. 그 자부심이 '우리가 최고야!' 하는 자만이 되는 순간 앞으로 나아가기를 게을리하게 된다. 조리법 책이 공개되고 경쟁 업체가 비슷한 제품을 만들면 안주하기 힘들어진다. 모든 직원이 계속해서 새로운 발전을 도모할 수밖에 없다. 이렇게 구조적 환경을 만들어 익숙한 생각, 익숙한 사람들, 익숙하게 일하는 방법에서 벗어나기 위해 애쓴다.

조력자와
새로운 만남 사이에서

오랜 시간 다양한 독서 토론 모임에 참여했다. 독서 토론은 혼자 책 읽는 것과 비교해 장점이 많다. 우선, 내 취향이 아닌 책과 만나게 한다. 사람은 입맛에 맞는 음식만 찾는 것처럼 책도 가려서 읽는다. 독서 토론에서는 진행자가 읽을 책 목록을 정해주므로 책 편식에서 벗어날 수 있다.

게다가 평소에 만날 일 없던 새로운 분야의 사람들을 만나는 장점도 있다. 회사를 다니다 보니 교직에 있는 분들과는 만나기 쉽지 않다. 어느 모임에는 유독 선생님들이 많아서 자연스럽게 친해질 수 있었다. 그분들과 이야기를 나누면서 회사원에게서는 들을 수 없는 삶의 관점과 아이디어를 접할 수 있었다.

새로운 사람을 만나 전혀 다른 관점에서 토론을 나눈다. 그런데도 같은 책을 읽었다는 이유로 대화가 끊이지 않는다. 그렇게 같은 책을 읽었다는 최소한의 공통점만을 가지고 모이는 자리가 독서 토론이다. 책 외에는 얽힌 관계가 없다 보니 어떤 주제로 이야기를 해도 자유로운 모임이다. 익명성이 보장되고 서로에게 깊이 관여하지 않기 때문에 독서 모임을 좋아한다는 분도 많았다.

각자 자신의 사회적 위치에 맞는 가면을 쓰고 생활하느라 지치고 힘들었을 터다. 책을 핑계로 잠시 사회적 역할을 벗어던지고 자유롭게 자신의 개성을 펼쳐보는 것이다. 참가자들은 어떤 생각, 어떤 말이라도 '책에 관한 주관적인 견해'라는 이유로 검열하지 않고 받아들인다.

우리는 사회적인 가면을 쓰고 관계를 맺고 유지하기 위해 애쓰고 있다. 사회생활을 하기 위해서는 어쩔 수 없는 과정이지만 이로 인한 피로감이 상당하다. 내 진짜 모습과 다른 역할을 연기하는 것은 상상 이상의 정신적인 노동이 수반된다. 그래서 때로는 그 모든 관계를 벗어던지고 자유로워지고 싶어진다.

깊은 신뢰 관계와 약한 유대 관계, 이중 어느 것이 나의 성장에 더 도움이 될까? 상황에 따라 양자를 오가는 방법이 최선의 해답이다. 나는 지금까지 동료와 롤 모델 등 깊은 관계를 맺은 사람의 영향력을 강조했다. '회사생활에는 좋은 관계를 관리하는 일이 중요하다는 이야기구나'라고 단정 짓는 사람도 있을지 모르겠다.

내가 제안하고자 하는 해법은 조금 다르다. 언제든 내 편이 되어줄 우군을 만들되, 때로는 새로운 관계를 만드는 과정도 필요하다. 우리에게는 성공을 도와줄 조력자가 필요하다. 다만, 조력자와 너무 오랫동안 친하게 지내면 새로운 만남을 소홀히 하게 된다. 익숙한 사람과 늘 비슷한 주제의 대화를 나누면 마음이 편하다. 그러나 시간이 지날수록 관계를 통해 새로운 정보를 얻거나 성장하기 어려워진다. 관계 자체를 유지하기 위해 필요 이상의 시간과 노력을 쏟고 있는 자신을 발견하게 된다.

비슷한 생각을 하는 사람들이 모이면 고만고만한 생각에서 벗어나지 못하게 된다. 친한 사람이 서로의 의견에 대해 지지를 보내면 특정 의견에 큰 힘이 실리게 된다. 설사 일부가 반대 의견을 제시하고, 그 의견이 타당하다 하더라도 무시되고 만다.

따라서 새로운 사람, 새로운 아이디어와의 정기적 만남이 필요하다. 내가 독서 토론 모임에 나가고, 직장인 스터디 그룹에 나간 것은 틀에 갇혔다고 생각했기 때문이었다. 늘 비슷한 회사 사람들과 비슷한 이야기를 반복하면서 이전만큼 성장하지 못하고 있다고 판단했다. 정해진 행동 범위를 벗어나 새로운 사람을 만나게 되니 같은 상황도 다르게 반응하고 행동한다는 점을 깨닫게 되었다.

빌런을
피하는 법

막 대리로 승진한 후에 나는 L과장과 함께 일하는 시간이 많았다. L과장은 업무 추진 능력은 괜찮은 편이었지만 같이 일하는 상대를 힘들게 만드는 타입이었다. 늘 초조해하고 일이 틀어질까 봐 조바심을 냈다. 평소 어렵지 않게 처리하던 일상적인 업무임에도 L과장이 관여하기 시작하면 세세한 부분까지 확인하고, 또 확인하기 일쑤였다. 특별히 잘못된 점이 발견되지 않아도 늘 "아니야 뭔가 불안해"라고 되뇌고는 했다. 그와 함께 일하고 난 뒤부터는 나까지 실수하지 않을까 불안이 전염되었다.

후배들과 함께한 술자리에서 선배들 인물평이 오가게 되었다. 어느새 화제는 누가 가장 최악의 선배인가로 모이기 시작했다.

"전 옆 부서의 과장님이 최악이라고 생각해요. 그 부서에 제 동기가 있는데 일이 잘 안 풀리고 문제가 꼬이면 후배에게 책임을 다 떠넘긴다고 하더라고요."

가장 닮기 싫은 상사를 닮는 아이러니

내 차례가 되자 나는 당연히 L과장을 최악의 선배로 꼽았다.

"나는 L과장. 매일 같이 뭐가 그렇게 불안한지 몇 번이나 확인했으면서 잘 되어 가냐고 묻고 또 물어대니 일에 집중할 수가 있나. 정작 의사결정이 필요할 때는 소심해져서 아무런 결정도 못 내리고. 왜 일이 잘못될 거라고만 생각하지? L과장의 불안과 초조가 나한테까지 옮는 거 같아."

결국 그 술자리의 대화는 누가 최악의 오피스 빌런인지 결론 내리지 못한 채, 서로가 불만인 선배 뒷담화를 하다가 끝이 났다. 문제는 그렇게 1년 정도 지난 후에 일어났다. 그 사이 우리 부서에 신입사원이 배치되면서 나는 L과장과 떨어져 신입사원과 파트너가 되었다. 평소와 다름없어 보였던 어느 날 신입사원과 함께 남아 야근을 하던 때였다.

"지난 번 확인하라고 했던 그 아웃소싱 업체 계약서는 어떻게 되어가? 원래 외주 업무 마무리하기로 한 날이 꽤 지난 것 같은데."

문득 우리가 챙겨야 할 업무를 놓친 것은 아닌가 하는 생각이 들어 신입사원에게 물었다. 신입사원은 조금 짜증 난 말투로 대답했다.

"그건 엊그제도 물으셔서 계약이 순조롭게 진행되고 있다고 말씀드렸고, 오늘 낮에도 몇 가지 이슈에 대해 선배님과 상의하고 업체에 전달했잖아요. 너무 자주 물으시는 것 같네요."

그의 대답에 나도 순간 발끈하고 말았다. 일을 완벽하게 처리하려면 정기적으로 점검해야 하는 것이 당연한 법이지 내가 지나치다는 생각이 들지는 않았기 때문이다. 바쁘다는 핑계로 선배가 일부러 점검해주는 걸 귀찮아하는 것 같아 녀석이 괘씸하다는 생각이 들기 시작했다. 그때 그가 정곡을 찌르는 한 마디를 던졌다.

"선배님은 늘 L과장님처럼 직장생활하지 말라고 말씀하셨는데 제가 보기엔 L과장님을 닮아가는 것 같아요. 늘 일이 잘못 될 거라고 부정적으로 생각하시고 항상 초조해하세요. 그런 초조함과 불안감이 같이 일하는 사람까지 안절부절 못하게 해요."

나는 큰 충격을 받았다. 직장인들 사이에 전설처럼 내려오는 격언 하나가 있다. '후배는 어느새 욕하던 선배를 닮아간다.' 내가 이 말을 들은 건 H팀장에게서였다. 그는 가장 많은 일을 배웠지만 또 가장 싫어하던 리더를 그대로 닮아가는 자신의 모습에 깜짝 놀랐다고 했다. 나 또한 그 선배들처럼 내가 가장 싫어하는 사람의 모습을 닮고 있었다.

프랑스의 사회학자 피에르 부르디외(Pierre Bourdieu)는 어떤 집단이건 그 집단만의 가치관, 선호, 행동방식을 가진다고 말한다. 그는 이러한 특성을 아비투스(Habitus)라는 용어로 설명했다. 아비투스는 '가지다, 보유하다'라는 뜻의 라틴어에서 온 개념이다. 우리가 세상을 읽고 판단하는 데는 이 아비투스가 지대한 영향을 미친다.

직장에서도 서로 어울리며 영향을 주는 소집단에 따라 아비투스가 형성된다. 낮은 계층에 속하는 집안의 아이들은 늘 돈 걱정을 하는 부모, 저급 언어를 사용하는 부모, 자아실현보다는 돈을 인생의 목적으로 삼는 부모 밑에서 성장한다. 그리고 그런 부모의 영향을 받아 빨리 돈을 모으는 것을 사회생활의 목표로 삼는다. 마찬가지로 늘 불만에 차 있고, 매사에 부정적인 언어를 사용하는 상사와 많은 시간을 보내는 직장인은 부정적인 아비투스의 영향을 받으며 조금씩 변화한다.

물론 내가 회사에서 함께 일하는 사람을 선택하기는 어렵다. 부서 배치는 타의에 의해 결정되고 업무 파트너도 내 의사와는 상관없이 정해진다. 공식적인 관계야 어쩔 수 없다 하더라도 누구와 커피 한 잔을 하며 담화를 나눌 것인지, 업무 외적인 시간에는 누구와 어울릴지는 어느 정도 선택의 여지가 있다. 가능한 좋은 사람과 어울리며 바람직한 배움의 기회를 많이 갖는 것이 당신이 성장하는 지름길이다.

그는 왜
성장이 멈추었을까?

직장생활에는 홀수로 슬럼프가 온다고 말한다. 왜 3년 차나 5년 차에는 일이 하기 싫어지는 순간을 경험하게 되는 것일까. 이는 성장의 정체와 관련이 깊다. 우리가 잊고 있어서 그렇지 제일 고통스러운 시기 중 하나는 신입사원 때다. 취업했다는 기쁨, 사회에서 한 사람 몫을 하게 됐다는 기쁨이 고통의 크기를 기억하기 어렵게 만들기 때문에 그 시절의 고통은 잊기 쉽다.

신입사원 시절에는 누구나 실수로 인해 크게 혼났던 경험이 있다. 첫 번째 위기는 신입사원 때 오지만 빠르게 성장하는 시기이다 보니 성장에 도취되어 금방 고통을 잊게 된다. 이렇게 성장을 해서 3년 차 즈음이 되면 일이 만만하게 느껴지기 시작한다. 여기서부터 본격적으로 일을 잘하는 사람과 못하는 사람으로 나뉜다. 능력이 두드러지는 친구는 선배들이 더 많은 일을 시키다 보니, 일에 파묻히게 된다. 체계적으로 배울 기회가 없이 닥친 일을 처리하면서 성장하는 데에는 한계가 있다. 일은 많고 성장은 없는 상황 속에서 회의에 빠지기 시작한다.

반면 평범한 친구는 난이도가 높은 일을 줄 수 없다 보니, 낮은 난이도의 일을 반복하게 된다. 난이도나 범위가 그대로라고 하더라도 중요한 회사 일이다. 하지만 슬슬 일이 손에 익어 쉽게 처리하게 된 3년 차는 업무가 싫증나기 시작한다.

양쪽 모두 성장 정체 구간에 빠지기는 마찬가지다. 여기서 전환점을 가질 수 있으면 좀 더 성장하는 단계로 나아간다. 반면에 이 상태로 멈춰 있으면 이들은 이직을 통해 새로운 기회를 찾으려 할 가능성이 크다. 9급 때 바둑이 가장 만만하게 느껴지고, 운전 1년 차에 잦은 사고를 낸다.

3년 차, 5년 차가 이직에 나서게 되는 결정적인 요인은 무능력한 선배와 마주칠 때다. 어느 회사나 오피스 빌런이라 불리는 무능력한 상사가 있다. 오피스 빌런은 사무실 내의 악당을 뜻하는 말로, 조직 내에서 부정적 영향을 미치는 사람을 비꼰 신조어다.

빌런의 특징은 불평불만이 잦고, 될 수 있으면 일을 적게 맡으려 애쓰며, 일로 성과를 보여주기보다는 사내 정치에 심혈을 기울인다는 점이다. 이들이 제일 얄미울 때는 상사에게는 잘 보이려 하면서 동료에게 거만하게 굴거나, 후배에게 일의 책임을 떠넘기려 할 때다.

내가 경험한 나쁜 상사의 유형은 주로 불안으로 인해 위축된 유형이었다. T팀장은 평범한 직장인이었다. 전업주부인 아내가 있고 두 아이 사교육비로 힘들어하며, 주택담보 대출로 돈이 늘 모자란다고 말하곤 했다. 회사에서 잘리면 어떻게 하나 전전긍긍하는 모습을 자주 보였다. 그러다 보니 평가에 민감하고 윗사람의 눈에 보이는 결과를 만드는 데만 혈안이 되어 있었다.

업무에서 성과가 나지 않으면 남의 탓을 하기 바빴다. 특히 임원과 술자리에서 아랫사람들 탓에 부서 업무가 틀어졌다고 책임을 떠넘기기 일쑤였다. 나중에 그 사실을 알게 된 팀원들은 억울하다며 분통을 터트렸다. 그런데도 사내에서는 그의 악행을 직접 임원에게 보고하거나 공식 절차를 통해 신고하기 어려웠다. T팀장의 나쁜 행실이 드러난 것은 퇴사자 덕분이었다. 팀원들이 연달아 사직서를 내고 T팀장과의 불화를 퇴직 사유로 든 것이었다. 결국 T팀장은 보직에서 해임되고 한직으로 발령이 났다.

T팀장과 오래 일한 선후배들은 청년 시절과 비교해 그가 많이 바뀌었다고 이야기했다. 어떤 이는 불안에 영혼이 잠식당한 것 같다고 했다. 불안에 대처하는 방법은 두 가지가 있다. 성장을 통해 불안을 정면으로 돌파하는 방법과 불안을 잊기 위해 단기적인 결과에 매달리는 것이다.

쉽게 생각해 성장을 택하면 될 것 같지만 현실은 그렇게 간단하지 않다. 젊은 시절에는 모두가 성장을 쫓지만, 나이가 들수록 성장이 어렵다고 생각하게 된다. 중년이 되면 인간이 계속 성장한다는 사실 자체를 믿지 않는다. 실력이 늘어나고 지금보다 미래가 더 좋아질 것이라 생각하지 않다 보니, 경쟁을 통해 상대를 밀어내야만 살아남을 수 있다고 여긴다. 함께 성장하기보다는 누군가를 제쳐야만 덜 불안하다고 느낀다.

젊은 시절 늘 손에 책을 들고 있었지만 바쁘다는 이유로 언제부턴가 책을 놓게 되는 선배를 많이 보았다. 나보다 일 잘하는 사람이 있으면 그 노하우를 묻느라 시간 가는 줄 몰랐던 선배가 더 이상 누구에게도 묻지 않는 사람이 되었다. 새로운 업무 방법을 발견하면 눈이 반짝반짝 빛나던 동료가 새로운 프로젝트에 대해 '해보나 마나'라며 미리 체념하고 있었다.

롤 모델이 있느냐에 따라
길이 달라진다

우리는 똑같은 출발점에서 시작해 회사 내에서 비슷비슷한 하루를 보낸다. 그렇게 오랜 시간이 지나면 누군가는 고수가 되고 다른 누군가는 오피스 빌런이 된다. 그들의 하루는 크게 다르지 않다. 아주 작은 차이만 있을 뿐이다. 그 작은 차이가 쌓이고 쌓이면 커다란 간극을 만든다.

사티아 나델라(Satya Nadella)는 실적이 추락하던 마이크로소프트에 CEO로 부임하였다. 그가 맡은 이후 마이크로소프트는 다시 최고의 회사로 화려하게 부활하였다. 나델라 CEO가 직원들에게 강조한 것 중 하나가 '성장 마인드 셋'이라고 한다. 그는 매출이나 업무 성과에 대해서는 일절 강요하지 않았다. 대신 끊임없이 학습하고 성장하여 새로운 업무 방법을 찾아내라는 메시지를 반복했다. 직원들이 마인드를 바꾸고 성장하기 시작하자 자연스럽게 조직의 성과도 따라왔다.

안타깝게도 우리 주변에는 이렇게 훌륭한 리더가 많지 않다. 대개의 경우는 평범한 회사, 평범한 리더 밑에서 서로 책임 소재로 다투며 힘겹게 하루를 버티고 있을 뿐이다. 혼자 성장 마인드 셋을 갖추고 일하며 학습하기란 참으로 어려운 일이다.

최대한 빨리 주변에서 롤 모델을 찾아보기를 바란다. 아직까지 좋은 모델을 만나지 못했다면 더 열심히 찾아다녀야 한다. 좋은 롤 모델을 만나 그의 성장 마인드 셋을 보고 들으면 자연스럽게 내게도 그의 향기가 배게 된다. 다이어트에서 알코올 중독 치료까지, 혼자 힘으로 할 수 없는 일도 함께라면 할 수 있다. 나와 비슷한 처지에 있는 사람이 있다는 것만으로도 큰 힘이 된다. 나와 비슷한 사람이 난관을 헤쳐 가는 모습을 보면 나도 할 수 있다는 용기를 얻는다.

지속적인 다이어트와 운동의 반대는 현상 유지가 아닌, 비만과 체력 저하다. 앞으로 나아가지 않으면 어느새 불평불만에 빠져 동료를 끌어내리기에 바쁜 그룹과 자주 어울리게 된다.

꽃게잡이 어부들은 게를 잡은 후에 그냥 바구니에 던져 넣는다. 바구니에는 뚜껑이나 다른 특별한 장치가 없다. 꽃게를 뚜

껍도 없는 바구니에 던져 넣다니 좀 의아할 따름이다. 꽃게는 바구니에서 탈출할 만한 힘을 가졌다. 꽃게 한 마리를 바구니에 넣으면 어렵지 않게 빠져나온다. 그런데 여러 마리를 넣어두면 신기하게도 게들은 빠져나오지 못한다. 서로 자기가 먼저 탈출하려고 다른 게를 끌어내리기 때문이다. 이기심이 집단 전체를 최악의 상황으로 빠뜨리는 현상, 이를 심리학에서는 크랩 멘털리티(Crab Mentality) 효과라고 부른다.

나쁜 동료는 혼자서 일을 망치는 정도에서 그치지 않는다. 주변 사람들에게까지 영향을 미쳐 집단 전체가 나태해지고 서로 책임을 떠넘기도록 만든다. 조직관리 이론에서는 이러한 부정직한 플레이어를 솎아내지 않으면 조직이 침몰한다고 경고한다. 그런데 실제로는 누가 꽃게에 해당하는지 골라낸다는 것이 거의 불가능에 가깝다. 동료들은 누가 꽃게인지 잘 알고 있다. 그런데 관리자들은 이를 구분해내지 못한다. 따라서 우리는 어쩔 수 없이 오피스 빌런과 함께 일하는 상황에 마주친다.

당신이 사람들과 어떻게 관계 맺고 있는지 곰곰이 생각해보자. 그냥 닥치는 대로 어울리고 있는가? 아니면 진짜 롤 모델이 될 만한 사람과 어울리는가? 좋은 습관은 배우기 어렵다. 반대로 나쁜 습관은 금방 따라 하게 된다.

회사에서 버티는 힘, 동료

"퇴사해라! 일의 자유를 찾아라!"

한동안 서점가에는 퇴사 열풍이 불었다. 퇴사 잘하는 방법을 알려주는 책이 쏟아졌다.

'그냥 그만두면 되는 게 아니었나? 퇴사에도 방법이 있나?'

어떻게 해야 퇴사를 잘하는 것인지 호기심이 생겼다. 서점을 찾아 매대 앞에서 퇴사를 다룬 책 몇 권을 훑어보았다. 나도 모르게 빠져들었다. 책을 읽다 다리가 아픈 것도 잊고 말았다. 직장인이라면 누구나 흔들릴 만한 매력적인 이슈를 다루고 있었다.

"조직은 당신의 미래를 책임져주지 않는다. 내 미래는 스스로 책임지자."

"회사라는 그늘에 숨어 있으면 내가 진짜 원하는 일을 발견할 수 없다."

퇴사라는 키워드가 미래 준비와 연결되고 있었다. 우리나라 직장인의 최대 관심사는 '언제까지 지금의 일을 할 수 있을까?' 하는 것이다. 현재 직장에 만족하고 인정받고 있다 하더라도 나이가 들고 쓸모가 줄어들면 조직에서 버림받을 것을 불안해하는 사람이 적지 않다. 비행기가 이륙하면 언젠가 착륙해야 하듯이 언젠가는 조직을 떠나야 할 것임을 알기에 미래 준비에 조바심이 난다. 막상 조바심은 나지만 미래를 위해 무엇을 준비해야 할지 고민해보면 답을 찾기 어렵고 막막하다.

버림받기 전에 떠난다고?

퇴사를 다룬 책은 그 주제를 일의 의미 발견으로 확장하고 있었다. 우리 사회에서는 일의 의미보다 승진과 같은 물질적 성공이 우선시되어 왔다. 고도성장 시대가 끝나고 성장 정체의 시대가 왔다. 이전과 같은 뚜렷한 보상을 받을 수 없는 환경에서는 '왜 이 일을 해야 하나?'라는 질문에 답을 찾기가 어려워졌다. 이 일이 내게 어떤 의미인지 찾지 못한 직장인들은 퇴사를 고민하게 된다.

그러다 보니 퇴사라는 키워드에서 출발하여 일에 대해 깊은 고민을 하게 만드는 책이 관심을 끌 수밖에 없다. 우리는 어디로 가고 있는지, 지금 어디에 서 있는지도 모른 채 달려왔다. 이제야 그 의문을 제대로 곱씹어보고 있다.

퇴사가 유행하는 건 조직의 인과응보인지도 모른다. 예전에 IMF 외환위기를 몸소 경험한 선배 한 분이 직장의 변화에 대해 이렇게 표현했다.

"기업은 인력 구조조정을 하는 방법을 배웠고, 직원은 이직하는 방법을 배웠다."

고도성장기 동안에 사회는 조직을 우선했다. 조직의 성장이 곧 국가의 발전이라고 여겼다. 이런 창대한 목표를 빌미로 개인을 전혀 배려하지 않았다. 그런데도 대한민국의 조직은 운이 좋았다. 구성원의 불만을 묻어버리고 빠른 성장의 길로 내달릴 수 있었다.

개인은 성장의 기대에 취해 제 목소리를 내지 못했다. 야근으로 지쳐 쓰러질 만하면 꽤 짭짤할 월급이 나왔다. 카드 대금을 생각하며 한 달, 한 달을 버텼다. '더는 못 하겠어. 여기까지야'라는 생각이 들 때쯤엔 두둑한 성과급이 입금되었다. 자동차, TV처럼 값비싼 내구 소비재를 구입하고 해외여행을 가며 또 한 해를 버텼다. 몇 년에 한 번씩은 승진이라는 커다란 이벤트가 있었다. 차를 바꾸고 주택담보 대출을 갚기 위해 눈을 질끈 감았다.

그러다 IMF 외환위기 사태를 겪으며 성장에 급제동이 걸렸다. 조직은 인력을 축소하며 위기에 맞섰다. 수많은 직장인이 구조조정이라는 명목 하에 거리로 내몰렸다. 그때부터 우리 사회는 본격적인 경력관리 시대로 접어들었다. 평생 한 직장에 매달리기보다는 언제든 새로운 일자리를 찾아 나서는 데 익숙해졌다. 이전에는 상상도 하지 못한 상황이었다.

뉴턴의 운동 법칙 중 '작용 반작용'의 법칙이 있다. 모든 현상에는 작용이 있으면 그에 따른 반작용이 있게 마련이다. 구조조정 반작용으로 개인은 한 회사에만 충성하는 태도를 버리고 이직이라는 카드를 꺼내 들었다. 그 결과 많은 회사는 우수한 인재를 놓치지 않기 위해 적지 않은 노력을 기울여야만 하게 되었다. 그들을 붙잡기 위해 전보다 더 많은 연봉과 개선된 근로조건을 제시해야 했다. 개인은 회사가 나를 버리기 전에 나를 받아줄 다른 조직과 협상하는 방법을 배웠다. 그동안 편하게 사람을 부리던 조직의 입장에서는 당혹스러운 시대가 되었다.

그러나 이직이라는 카드는 일부 핵심 인력에 해당하는 무기에 불과하다. 여전히 개인은 조직 앞에서 작기만 한 존재다. 대다수에게 취업난 속에 직장을 찾는 일은 어렵기만 하다. 또다시 조직의 불합리한 대우에도 참고 일할 수밖에 없는 사람이 늘어났다. 그러나 조직 구성원의 마음만은 이전으로 되돌릴 수 없었다. 이직하겠다며 조직과의 협상력을 높일 수는 없다 하더라도 언제든 이직하겠다는 생각으로 마음 깊은 곳에서 '충성'

을 거부한다. 옛날처럼 조직에 마음을 다 바쳐 일하는 사람은
이제 찾기 힘들다.

퇴사를 통해 얻고자 하는 것은
'자유'와 '통제감'이다

　우리는 퇴사를 통해 '자유'를 얻는다. 직장을 박차고
나오면서까지 그토록 갈망하던 것은 바로 이 자유다. 좀 더 자
세히 설명하자면 '일과 관련된 결정을 내릴 수 있는 자유'다.
일하면서 결정을 내릴 수 없다니 모순처럼 들릴 것이다. 조직
에는 일의 크기에 따라 결정권자가 따로 있다. 일의 덩어리가
커질수록 권한이 큰 사람만 의사결정을 할 수 있다.

　적지 않은 직장생활을 했지만 내 뜻대로 일해 본 기억은 많
지 않다. 그렇기에 매일매일 내 생각대로, 내 뜻대로 일해보고
싶다고 생각한다. 조직생활을 하면서 제일 듣기 싫은 말, 그리
고 지금도 매일 같이 듣고 있는 말이 바로 "어쩔 수 없다"라는
말이다.

　"이렇게 자료만 뽑다간 경쟁사들보다 늦습니다. 해외 사례,
국내 사례 다 살펴보고 발생 가능한 위험성도 모두 검토했습
니다. 그런데 아직도 또 새로운 분석이 필요하다고 말씀하시면
어떡합니까? 신사업 분야 진출 여부는 언제 결정하실 생각입

니까?"

"어쩔 수 없다. 조직의 생리가 원래 그렇다. 임원이 충분한 자료가 있어야만 결정하시겠다는데 우리가 어쩌겠냐. 그냥 보고서나 계속 써."

리더가 결정하지 않으면 일의 끝을 맺을 수 없다. 끝이 없으므로 성과도 나오지 않는다. 결과가 없는 일을 쳇바퀴 돌 듯 반복하다 보면 커다란 좌절감을 느끼게 된다. 결정을 미루는 리더와 일하는 것보다 더 진이 빠지는 일은 없다.

조직에서 가장 흔히 나타나는 부정적인 현상이 '딜버트의 법칙'이다. 딜버트(Dilbert)는 회사생활을 유쾌하게 꼬집은 시사만화의 주인공이다. 딜버트는 머리가 비상한 엔지니어지만 회사에서 인정받지 못한다. 오히려 바보짓을 하는 무능한 직원이 더 빨리 승진한다. 작가는 솔직한 딜버트의 시각을 통해 무능한 리더가 넘치는 조직의 부조리를 꼬집는다.

이 만화에서 유래한 '딜버트의 법칙'은 무능한 사람이 더 빨리 승진하는 현상을 나타내는 말이 되었다. 열정적으로 일하는 인재일수록 새로운 시도가 많고 당연히 실패 횟수도 많다. 반면, 무능한 리더는 아무 결정도 내리지 않고 실패도 하지 않는다. 조직의 평가 기준은 과정까지 살피지 않는다. 이 때문에 아무 도전도 하지 않는 무능한 리더가 먼저 승진하게 된다.

무능력한 리더는 정보가 부족하므로 결정할 수 없다고 핑계를 댄다. 실무자들은 정보를 모으고 잘 정리해 보고한다. 무능력한 리더는 아직도 정보가 부족하다고 주장한다. 보고서를 쓰고 보고하고, 또 새로운 보고서 쓰기가 무한정 반복된다. 모두가 분주하지만 의사결정이 이루어지지 않으니 어떤 성과도 나올 리 없다. 모두가 "바쁘다 바빠~"를 외치지만, 성과는 나오지 않는 조직의 불가사의는 이렇게 생겨난다.

퇴사하면 적어도 이런 리더 밑에서 일하지 않아도 된다. 딜버트의 법칙이 판치는 조직에서 뛰쳐나오면 내가 계획한 대로 일하고, 빠른 의사결정을 내리는 '자유'를 얻을 수 있다. 내가 원하는 대로 일할 수 있다는 통제감은 어떤 금전적 보상보다 큰 동기부여가 된다. 이런 통제감을 느끼며 일한다면 출근길의 마음이 지금보다는 훨씬 가벼웠을 것이다.

퇴사하면 스스로 결정할 자유가 주어진다. 그런데도 나는 자유보다는 조직에 남는 쪽을 선택했다. 그 선택에 가장 큰 영향을 미친 것은 바로 동료였다.

회사에는 '동료'가 있다

'동료'

난 이 말을 참 좋아한다. 정작 조직에 소속되어 있는 사람은 이 단어를 잘 쓰지 않는다. 동료보다는 상사, 부하, 선배, 후배…. 이런 단어를 더 많이 쓴다. 상사, 부하, 과장님, 대리님, 모두가 동료에 해당한다. 우리는 동료다. 우리는 한편이다.

우리나라의 드라마는 직장을 전쟁터로 묘사한다. 살아남기 위해 온갖 모략이 난무하고 상대를 끌어내려야 내가 올라갈 수 있는 곳이 전쟁터다. 직장을 전쟁터로 묘사해야 갈등이 극대화되고 이야기가 흥미진진해지기 때문이다. 갈등 구도를 부각하느라 그 뒤에 숨어 있는 동료의 이야기는 주목하지 않는다. 드라마에는 주인공인 재벌 2세의 성공을 돕는 순종적인 조연이 있을 뿐이다.

현실의 직장에는 동료가 있다. 전문 지식을 많이 배우면 전문가가 된다고 오해하는 사람이 많다. 물론 지식은 전문가가 되기 위한 기초 조건에 해당한다. 그런데 오로지 지식이 많다고 전문가라고 부르지는 않는다. 우리는 다른 누군가를 통해 배우고 성장할 때가 훨씬 많다. 여러 사람이 동시에 다양한 아이디어를 실험하면 혼자 학습하는 과정에 비해 짧은 시간에 몇 배의 경험을 축적할 수 있다. 혼자 하는 학습은 함께하는 학습에 비해 그 양과 깊이에 커다란 차이가 난다.

최근 코로나 사태로 많은 회사가 재택근무를 실험하고 있다. 겉으로는 재택근무에 아무런 문제가 없어 보인다. 그런데 오랫동안 재택근무를 한 회사에서 조금씩 이상한 현상이 나타나기 시작했다. 일상적인 일은 큰 문제 없이 진행되었지만, 소통과 협력이 줄어드니 일을 통해 배우고 성장하는 기회가 줄어들게 되었다. 새로운 업무 방법이 나타나거나 업무 프로세스가 개선되는 업무 혁신이 사라지게 되었다.

일일이 전화로 물어가며 문제를 해결하지만, 일터에 함께 있을 때만큼 일이 진척되지 않는다고 느끼는 사람들이 많다. 재택근무라는 방법 자체에는 아무런 문제가 없다. 재택근무 덕택에 출퇴근에 쓰는 시간을 절약할 수 있고, 불필요한 회의도 줄어들기 때문에 업무에 집중할 수 있다. 업무 효율의 측면에서만 본다면 재택근무로 얻을 이익이 많아 보인다. 다만, 장기적으로 함께 배우고 업무를 혁신하는 측면에서는 서로 가르치고 배우는 동료가 곁에 있는 편이 조금 더 도움이 된다.

동료는 늘 거기 있기에 특별히 소중함을 느끼지 못하는 때가 많다. 그러나 동료는 당신의 성장에 꼭 필요한 존재다.

당신은 무척 현명하고, 열정적이고, 성실한 사람일 것이다. 일을 제대로 하는 방법을 배우기만 한다면 회사의 핵심 인재가 되고 놀라운 성과를 만들어내리라 생각한다. 그렇게 되고 싶다면 자신의 능력을 키우는 것 외에도 좋은 동료를 찾아야 한다. 인간의 역사는 영웅 한 사람의 이야기로 만들어져 있지 않다.

드라마 〈미생〉에는 모르는 사람이 없을 정도로 유명한 대사가 있다.

"회사 안은 전쟁터지만, 회사 밖은 지옥이다."

이 말에 공감한 사람이 많았다. 조직 내에서 꿋꿋하게 버티면서 일한다는 건 만만한 일이 아니다. 인정받기 위해 늘 경쟁

하고 경쟁에서 이기기 위해서 한순간도 긴장의 끈을 늦출 수 없다. 그런데 조직 밖의 생활은 더 만만치 않다. 조직을 벗어나 치킨집을 차렸다가 파산의 길을 걷는 인생은 직장인들이 가장 두려워하는 미래다.

물론 조직생활이 늘 즐겁고 보람찬 것만은 아니지만 동료가 있기에 버틸 만한 것이 된다. 버텨내는 생활은 참으로 위대하다. 버틴다고 제 자리를 간신히 지키는 것으로 생각해서는 안 된다. 밀려나지 않고 버티기 위해서 어떻게든 방법을 고민하게 된다. 고민 속에서 요령이 생기는데 이 요령이 성장의 밑거름이다. 결국 버텨야만 성장의 달콤함을 느끼는 법이다.

동료가 있기에 어려운 일도 해나갈 수 있다. 동료가 있기에 서로를 격려하며 다시 일어설 수 있다. 조직에 속해 있다는 장점은 안전함이 아니라 동료와 함께 있다는 안도감이다.

2장
고수가 있다

고수의 생각법은
어떻게 작동하는가

우리 두뇌는 1만 시간의 의도된 연습을 거치면 최고의 전문성을 가지게 된다. 무수한 시행착오를 거치면서 연습을 하는 동안 다양한 형태의 지식이 서로 연결되어 하나의 커다란 패턴을 이룬다.

계속해서 자기 분야에서 훈련을 반복하면 오랫동안 생각하지 않아도 패턴이 눈에 들어오게 된다. 이것이 '직관'이다. 고수가 되면 사물의 유기적인 상호작용을 감지하고 즉각적으로 그 패턴을 이해해 다음 일어날 일을 예측할 수 있다.

우리 주변에는 유독 일하는 감이 뛰어난 사람이 있다. '저 선배는 어떻게 윗사람이 좋아하도록 일을 척척 해내지? 무슨 감을 가진 거야?' 하는 생각이 들게 만드는 사람이 있다. 이런 능력은 결국 반복된 시행착오를 통해 만들어진다. 이들이 드러내는 탁월함 뒤에는 숨겨진 무수한 '땀'이 있다.

제갈공명과
롬멜

역사 속에는 남다른 성과를 낸 인재들이 많았다. 삼국지 중 가장 유명한 대목이라는 '적벽대전'에는 제갈공명이 바람의 방향을 바꾸는 장면이 나온다. 당시 상대편인 조조의 군대는 육지전만 경험했기 때문에 양쯔강 위에서 벌어진 선상 전투에 익숙하지 않았다. 양쯔강은 물살이 거셌기 때문에 많은 병사가 뱃멀미 때문에 제대로 전투를 할 수 없는 상황이었다. 이에 조조 군은 배를 50척씩 묶어 흔들림을 방지하는 묘책을 내놓는다. 다만 이 방법은 불화살 공격에 매우 취약하다는 것이 약점이었다.

마침 전투를 앞둔 시기는 겨울이었고, 바람은 항시 북에서 남으로 계절풍이 불고 있었다. 북쪽에 있는 조조군 입장에서는 남쪽의 손권, 유비 연합군이 바람을 거슬러 불화살을 쏠 수 없다고 생각했다. 그런데 딱 하루 바람의 방향이 바뀌었다. 제갈공명은 일시적으로 동남풍이 불어오리란 사실을 미리 알고 이때 맞추어 불화살 공격을 했다. 배를 서로 묶어 놓았던 조조 군은 속수무책으로 당할 수밖에 없었다. 적벽대전은 뛰어난 계책으로 10배가 넘는 병력 차이를 극복한 전투로 유명하다. 후대의 역사가들은 소설 삼국지에 나온 이 적벽대전이 실제 있었던 사실임을 밝혀냈다.

현대 전쟁사에도 비슷한 이야기가 있다. 2차 세계대전 당시 독일의 에르빈 롬멜 장군은 전쟁 역사상 가장 예리한 '감'을 가졌다고 평가된다. 그는 적군이 기습할 장소를 정확하게 예측하여 그 지점에 아군을 집중적으로 배치했다. 마치 생각을 읽는 것처럼 상대의 공격을 번번이 수포로 만들었다. 공격할 때는 방어선이 가장 취약한 부분을 정확히 짚어 적은 병력으로도 적의 방어선을 뚫었다. 그에게는 미래를 내다보는 힘이 있어 보였다.

롬멜 장군이 주로 싸웠던 곳은 북아프리카의 사막 지역이었다. 사막은 방향을 가늠하기 힘든 끝없는 지형과 수시로 불어오는 모래바람으로 적군과 아군조차 명확히 구분이 힘든 곳이다. 롬멜의 상대인 연합군은 자기 위치조차 정확하게 파악하지 못해 우왕좌왕하기 일쑤였다. 롬멜이 이끄는 독일군은 이런 사막의 특성을 이용하는 방법을 알고 있었다.

롬멜의 부대는 상대편인 영국군에 비해 병력과 물자에서 큰 열세에 있었다. 영국군은 전차 300대를 보유했지만, 독일군은 고작 80대뿐이었다. 만일 전력이 비슷했다면 롬멜이 이렇게까지 지형과 날씨를 연구하지 않았을지도 모른다.

롬멜은 그냥 싸워서는 질 수밖에 없는 싸움임을 잘 알고 있었다. 그래서 적을 심리적으로 기만하는 전략을 세우기 위해 골몰했다. 어떤 때는 가짜 전차 모형을 만들어 독일군의 병력을 정확히 알 수 없게 했다. 사막에는 전차 모형을 만드는 데 필요한 물자가 충분하지 않다. 당시 독일군의 모형 전차는 종이 박스, 천 조각, 나뭇가지 등으로 만든 허술하기 짝이 없는 쓰레기 더미였다. 발상은 그럴싸했지만 실제로는 매우 위험천만한 방법이었다. 소설에나 나올 법한 이런 방법이 과연 현대전에서 통했을까 싶지만, 막상 전투가 벌어지자 독일군의 우세를 점치고 항복한 부대가 여럿 나왔다.

제갈공명과 롬멜은 어떻게 이런 놀라운 능력을 발휘했을까? 이들은 다른 장수들보다 다양한 정보를 수집하고 이 정보를 조합해 패턴을 읽어내는 능력을 가졌다. 모든 일이 그냥 우연히 발생하는 것처럼 보여도 그 이면에는 커다란 흐름이 있다. 반복해서 현상을 관찰하고 이를 되뇌면서 문제의 해결 방법을 찾는다. 오랜 시간 이러한 노력이 쌓이면 정보와 정보가 연결되어 포괄적인 통찰력을 발휘하는 능력이 생긴다. 우리는 이런 능력을 '직관'이라고 부른다.

어느 회사에나
고수가 있다

어느 일터나 직관을 활용하는 고수가 있다. 업의 고수

라 하면 보통 전문 자격증이 있는 사람들을 떠올리기 쉽다. 전문 자격증은 해당 분야에 일정 지식이 있다고 공인한 징표다. 그런데 단순히 자격증을 가지고 있다고 해서 직관이나 통찰력이 생기지는 않는다. 변호사나 의사 같은 일부 전문직이나 특정한 기술이 필요한 장인의 영역에만 고수가 있다는 생각은 올바르지 않다. 세상에는 우리가 모르는 수많은 고수가 있다.

'생활의 달인'이라는 TV 프로그램에 나오는 달인은 모두 주변에서 볼 수 있는 극히 평범한 일을 한다. 생수통 옮기기 달인, 타이어 쌓기 달인, 초밥 만드는 달인 등이 있다. 나는 이 방송을 보며 같은 달인이라도 하루하루 그 일을 어떻게 대했느냐에 따라 다른 인생을 살게 된다는 사실을 발견했다. 단순히 일을 빨리 해치우고자 했던 사람은 일에 능숙한 근로자로 남았다. 하지만 일의 맥락을 이해하고 끊임없이 일과 인생의 발전을 꾀한 사람은 달인을 넘어 그 분야에서 고수가 되었다.

일의 성질 자체가 다르지 않다 보니 '회사 일은 최소한의 기초 지식만 있다면 누구나 해낼 수 있다'는 자조 섞인 이야기를 하는 분들이 있다. 회계 업무라 해서 고도의 가치평가 기법만 사용하지는 않는다. 대학에서 다양한 마케팅 이론을 배우지만 실제 마케팅 업무를 할 때 사용하는 이론은 한정적이다. 고급 이론을 사용하지 않는다고 아무나 할 수 있다는 뜻은 아니다. 업무 자체가 동일하더라도 사람에 따라 내놓는 성과물은 크게 차이가 난다.

인사와 교육 담당자로 일하면서 사람들을 면밀하게 관찰하는 습관이 생겼다. 우리 회사에서도 놀라운 능력을 발휘하는 사람들을 종종 보게 된다. 우선은 상사의 마음을 찰떡 같이 읽어내는 직원이 있다. 멋진 기획안을 통해 의사결정자를 절묘하게 설득하는 고수가 있다. 자세히 보지 않으면 그냥 평범한 직원으로 보일 뿐이다. 그들의 일 처리를 꼼꼼히 보면 일에 뛰어난 '감'을 가지고 있음을 알게 된다. 특정 분야에서 탁월한 능력을 보이는 고수는 고민과 훈련을 통해 다른 사람이 평범하게 반복하는 일을 자신만의 특별함으로 만드는 재주가 있다.

고수와 초보는
무엇이 다른가?

조훈현 9단의 바둑 인생을 담은 책《고수의 생각법》에 나오는 이야기다. 바둑 초보 수준에 해당하는 9급 10명이 모여 훈수를 두고 있었다. 10명이나 되는 사람이 머리를 모았지만 어떻게 하면 전세를 뒤집을 수 있을지 묘수를 찾아내지 못했다. 한 시간 가까이나 토론이 이어졌어도 마찬가지였다. 그때 1급 한 명이 나타나 바둑판을 슬쩍 보더니 말했다.

"나 참, 이렇게 두면 되는 거 아니야?"

그렇게 단숨에 문제가 해결되었다. 이게 바로 초보와 고수의 차이다.

고수는
판을 읽는다

바둑처럼 대부분의 일에서 고수와 초보의 차이는 지식과 기술의 차이라고 생각하기 쉽다. 물론 기본적인 지식의 양에서도 차이가 발생한다. 하지만 결정적으로 일이 되게 만드는 능력은 판을 읽을 수 있는 안목이 있느냐 없느냐에서 나온다. 고수는 큰 그림을 보면서 현재의 전세가 어떻게 펼쳐지고 있는지 파악한다. 전체적인 큰 그림을 가지고 전략을 세워서 일한다면 그는 고수에 해당한다.

반면 초보는 판을 읽는 능력이 없다. 초보의 눈에는 부분만 눈에 들어온다. 때로는 고수보다 초보가 더 분주하다. 부분적인 문제만 해결하면 결과가 금방 나온다고 생각하기 때문에 앞에 닥친 일만 빨리 해치우려 움직인다. 하지만 그 부분만 해결하면 될 것 같았던 일이 점점 꼬이면서 진도가 안 나간다. 작은 부분이 전체 중 일부로서 서로 밀접하게 연관되어 있는데, 전체를 보지 못하기 때문이다. 문제를 해결하려 시도하면 마치 흙 속에 숨겨져 있는 나무 덩굴처럼 연관된 문제들이 줄줄이 끌려 나온다. 해결은 고사하고 문제가 더 커지기만 한다.

고수가 된다는 건 부분 부분의 깊이 있는 일 처리를 통해 단위 업무 간의 연결 고리를 찾는 일을 한다는 것이다. 하나둘씩 연결 고리가 쌓이다 보면 어느새 일의 흐름을 머릿속에서 지도

처럼 그럴 수 있게 된다. 회사에는 밸류 체인이라 불리는 가치 생산 절차가 존재한다. 제품을 기획하고 생산 과정을 거쳐 실체화시킨다. 그리고 마케팅을 통해 고객과 소통하고 최종적으로 유통 과정을 통해 고객에게 가치를 전달한다. 이 과정을 하나의 연결되는 과정으로 만들어 흐름을 만들어내는 것이 밸류 체인이다. 개인의 일도 이렇게 일련의 업무가 연결되어 하나의 커다란 흐름이 되는데 이것을 머릿속에 꿰고 있으면 고수가 된다.

판을 읽으면
달라지는 것들

전체적인 판을 읽고 우리 회사의 밸류 체인을 고려하며 일하면 어떤 점이 좋을까? 초보는 남다른 고수의 일 처리 능력에 깜짝깜짝 놀라게 된다. 특히 고수는 다음과 같은 면에서 초보와 전혀 다른 모습을 보인다.

고수는 미래를 보는 눈을 가진 것처럼 일한다. 고수들은 초보들의 일 처리를 언뜻 보고는 한 마디를 툭 던진다. 그런데 그 예측이 딱딱 맞아떨어진다. 처음에는 신기하지만, 나중에는 그 예측이 싫어지기도 한다. 내가 중요한 사실을 놓치고 실수할 것이라는 사실을 번번이 지적하기 때문이다.

"어, 그렇게 교육 과정 설문서를 만들면 나중에 문제가 생길 텐데…."

교육 전문가인 C과장이 T주임의 교육 과정 설문서 양식을 보고 한 말이었다. T주임은 아직 교육 업무 1년 차로 교육 담당자 입문 과정 등 필요한 교육을 받은 상태였으나 실무 경험이 부족했다. T주임이 만든 교육 과정 설문서를 사용하니, 교육생들의 의견이 두 그룹으로 갈려 엇갈린 평가 결과가 나왔다. 어떤 사람은 교육 내용이 너무 쉬워서 지루하다고 했다. 다른 사람은 내용이 어려워서 이해하기 어렵다고 답했다. T주임은 이 결과를 팀장님께 어떻게 보고해야 할지 고민에 빠졌다.

T주임이 만든 설문서에는 나이와 같은 기초 통계를 조사하는 항목이 없었다. 그가 설문조사를 한 과정은 회사의 다양한 보험 상품을 설계해보는 전산 실습 과정이었다. 전산 실습은 나이에 따른 이해도가 크게 차이 나는 과정이다. 나이가 많으면 PC나 스마트 기기 활용에 어려움을 느끼기 쉽다. 반면, 나이 어린 교육생은 기기 사용에 익숙하고, 지나치게 자세한 설명은 지루함을 느끼게 된다. 따라서 설문서에 나이 통계를 묻는 항목을 포함시켜야 했다. 교육 주제에 따라 개인차를 고려한 결과 분석이 이루어져야 한다. C과장은 이러한 점을 머리에 담고 일했지만, T주임은 이를 고려하지 않았다.

고수의 말은 시간이 지난 후에야 옳다는 사실이 드러나곤 한다. 고수의 머릿속에는 이미 길이 그려져 있고 그 길 전체와 지형, 높낮이를 생각하며 가는 까닭에 그 길 다음에는 어떤 걸림

돌이 있을지 훤히 보인다. 그러다 보니 초보가 보기에는 예언자가 미래를 예측하는 것처럼 보인다. 깜짝 놀랄 수밖에 없다.

때로 고수는 '어떻게 이런 것까지?'라는 생각이 들 정도로 여러 가지 사항을 동시에 감안하면서 일한다. 일할 때 해결해야 하는 문제의 원인이 단 한 가지뿐일 리 없다. 잘 나가던 상품의 매출이 곤두박질치는 데는 여러 가지 요인이 복잡하게 얽혀있다. 그걸 단순히 '경쟁사가 마케팅 비를 늘렸기 때문에'라고 쉽게 결론지어버리기 쉽다. 그렇게 해서는 아무리 애를 써도 문제가 해결되지 않는다.

"경쟁사에 비해 연봉을 높여줘야 합니다."

당시 우리 인사팀은 경쟁사로 스카우트되어 빠져나가는 인재 유출을 막기 위해 고심하고 있었다. 회의 내내 R대리는 경쟁사보다 낮은 연봉이 문제라고 주장했다. 틀린 말은 아니었다. 일부 직무는 담당자의 몸값이 점점 높아지고 있었다.

그렇다고 모든 직무의 연봉을 인상할 수는 없다. 직원은 무조건 연봉을 많이 주면 좋겠지만 과도한 인건비 지출은 회사의 상품과 서비스 가격을 높이고 고객에게 그 부담을 전가할 수 있다. 게다가 연봉 인상이 없는데도 경쟁사로 이직을 선택한 직원도 있었다. 경제적 보상 외에 리더의 직원 관리에 문제가 있었거나 우리 회사의 나쁜 업무 환경이 이직을 결심하게 했는지도 모를 일이었다.

R대리는 이런 다양한 측면을 전혀 고려하지 않았다. 회의 내

내 인건비 문제는 예산을 담당하는 부서에서 알아서 할 일이라고 고집을 부렸다. 무조건 연봉이 문제라는 자신의 생각을 끊임없이 내세워서 회의 참석자들이 눈살을 찌푸릴 정도였다.

고려 가능한 요소를 다각도로 검토한 제안은 쉽게 반대하기 어렵다. 아이디어 회의라고 해서 실현이 어려운 제안을 마구 쏟아내면 구성원은 시간이 아깝다고 생각한다. 반면에 고수의 제안은 이미 다양한 요소를 고려한 것이므로 리더가 쉽게 받아들이고 결정할 수 있다.

숲을 보며
일하는 능력

고수들은 오랫동안 지식을 갈고닦아 머릿속에 관련 지식의 체계적인 구조를 만든다. 문제해결을 할 때 이 구조화된 지식 체계를 사용하여 솔루션을 척척 꺼내 사용하곤 한다. 하지만 초보는 겉으로 드러나는 문제의 특징만을 본다. 초보자의 머릿속에서는 지식이 구조를 이루지 못하고 분산되어 있다. 따라서 문제를 관통하는 해법을 쉽게 찾지 못한다.

초보는 문제를 하위 범주로 잘게 쪼개는 습성이 있다. 문제의 원인을 명확하게 짚어내지 못하다 보니 잘게 쪼개면 그 원인을 알 수 있으리라 생각하는 것이다. 전체적인 그림을 보고 복잡하게 얽힌 상황 속에서 해답을 찾아야 하는데 잘게 쪼갠 상태로 문제를 바라보니 일이 더 복잡해 보인다. 전체 그림을 파악하면 문제의 핵심이 보이는 법이다.

초보는 문제해결을 위한 전략을 세우지 않고 우선 문제에 부딪혀보는 경향이 있다. 원인이 무엇인지 정확히 모르니 명쾌한 해결 전략을 세울 수 없기 때문이다. 전략과 계획 없이 일하기 때문에 하지 않아도 되는 일에 시간을 허비한다. 결국에는 얼마 가지 않아 제풀에 지치고 포기하고 싶은 마음이 생긴다.

고수는 전체 판의 흐름과 업무의 가치 사슬을 생각하며 일하기 때문에 지금 이렇게 처리하면 어떤 결과가 나올지 훤히 꿰뚫고 있다. 고수는 복잡한 요소를 모두 생각하며 일을 한다. 초보는 내 업무가 아니면 생각하지 않으려 하는 데 반해, 고수는 예산의 한계나 규제, 현실적인 한계점 등을 생각하여 대안을 제시한다. 또 고수는 상대방의 입장에서 필요하다고 생각되는 일을 미리 처리한다. 내 일뿐만 아니라 전체적인 일의 흐름, 연관된 업무, 일과 일 사이의 관계를 꿰뚫고 있어야 가능한 수준이다.

남다른 성과를 내는
사람이 있다

10여 년 전, 새로 도입된 방카슈랑스 제도는 보험사에 커다란 기회였다. 방카슈랑스는 은행과 보험사가 제휴하여 은행 창구에서 보험 상품을 판매하는 형태를 말한다. 보험사보다는 은행의 지점망이 촘촘하고 신뢰도가 높으므로 여러 보험사가 은행과 제휴하기 위해 혈안이 되었다.

이미 업계 1, 2위를 다투는 회사들이 방카슈랑스 시장을 장악한 뒤라 뒤늦게 후발주자로 시장에 들어간 우리 회사는 매우 불리한 상황이었다. 우리 회사는 상황을 역전시키기 위해 당시 '제안서 작성의 고수'라는 A과장을 전격 스카우트했다. 나이가 젊은 편이어서 직급은 과장으로 정했지만, 연봉은 다른 과장보다 수천만 원이 높았다.

상대방의 마음을 읽는
제안서

몇 번의 식사 자리를 가진 이후에 나는 A과장과 호형 호제할 정도로 친해졌다. 막역한 사이가 되자 그는 나에게 업무를 이것저것 가르쳐주기 위해서 노력을 아끼지 않았다. 어느 날 회사에서 그가 직접 제안서를 작성하는 모습을 볼 수 있었다. A과장의 책상에는 K은행 임원 조직도가 붙어 있었다. 조직도에는 임원별로 담당 업무, 출신 지역 및 출신 학교, 주요 경력 사항, 인맥, 취미, 심지어 골프 실력까지 메모가 빼곡히 적혀 있었다. K은행은 당시 우리가 제휴를 맺기 위해 공을 들이던 곳이었다.

"아니, 이 조직도는 뭐예요? 왜 이런 걸 만들죠?"

A과장은 껄껄 웃더니 이렇게 말했다.

"프러포즈를 하려면 연애 상대방을 잘 알아야 할 거 아냐? 내 제안서를 읽는 고객이 누구인지 알아야 그 사람의 마음을 사로잡지!"

영화에서는 경찰이 조폭의 계보를 화이트보드에 붙여놓은 장면이 흔히 나온다. A과장은 마치 영화의 한 장면처럼 조직도를 그려 놓고 제안서 작성을 시작한다고 했다. 제휴를 위한 프레젠테이션에는 행장, 부행장 등 주요 경영진이 참석한다. A과장은 그들의 취향을 미리 간파하는 데 노력을 기울였다. 조직도를 작성하기 위해 그 은행에 다니는 지인들을 탐문하고 주요 임원 관련 기사를 모으고 경영 공시 자료를 수없이 뒤졌다. 본인의 마음에 들 정도로 조직도를 만드는 데는 3~4주가 걸린다고 했다.

"어차피 각 회사가 제시하는 조건은 거의 비슷할 거야. 그렇다면 어느 회사를 선택할지는 아주 작은 차이에 의해 결정되지. 주요 직책을 맡은 은행 임원들이 다 비슷해 보여도 맡은 업무별로 고민이 많아. 재무 담당 부행장은 이 제휴 계약이 우리 은행에 얼마만큼 이익을 가져다줄지 간단한 수치로 표현해주길 원하고, 소매 부문 부행장은 제휴 판매 때문에 은행원들의 본업이 흔들리지 않을까 고민을 하지. 법무팀장은 제휴로 고객 정보를 공유하게 되면 법률적인 문제점은 없는지 묻고 싶을 거고. 그 고민을 깊이 이해하고 제안서에 해답을 모두 담아야 해."

하지만 그렇게 상대 회사의 임원 정보를 조사한다고 과연 그 사람의 마음을 알 수 있을까? 이런 표면적인 정보로 상대방의 마음을 읽을 수 있다는 점이 잘 이해가 되지 않았다. A과장은 이렇게 이야기했다.

"당연하지! 같이 사는 배우자도 전혀 몰랐던 새로운 모습을 종종 보는데, 몇 주 조사한다고 그들의 생각을 모두 알 수야 있나. 하지만 이걸 하고 안 하고는 분명 차이가 있어. 대부분의 조직에서 의사결정권은 특정인에게 있는 경우가 많아. 특히, 임원들은 사내 정치적 관계에 따라 영향력이 다르지. 어떤 부행장의 영향력이 특별히 크거나 차기 행장으로 언급되면 다른 임원들은 눈치를 보고 그가 손을 들어주는 회사에 표를 던지지.

나는 영향력이 큰 임원을 최대한 파악하려고 노력해. 모든 임원의 관심사를 반영해 무조건 제안서의 양을 늘릴 수는 없거든. 몇 주 동안 반복해서 은행의 핵심 인물들을 연구하다 보면 어렴풋이 보여. '아, 이 사람이 키맨이구나.' 하고 생각하지."

A과장은 생각의 틀이 다른 사람들과 상당히 달랐다. 우선 고객 중심이라는 말을 철저히 지키고 있었다. 우리는 보고서건 에세이건 글은 읽는 사람, 즉 독자의 관점에서 쓰라고 귀가 닳도록 들었다. 과연 당신은 자사의 제품을 구매하는 고객의 생각을 이해하기 위해 얼마만큼의 노력을 했는가?

당시의 나는 그날그날 주어지는 업무를 처리하느라 자신을 돌아볼 여유가 없었다. 그런데 A과장의 업무 스타일을 보자 눈이 번쩍 뜨였다. '나도 이렇게 상대방에게 팍 꽂히는 기획서를 써보고 싶다'는 열망이 차올랐다.

고수의
남다른 업무력

경제가 빠르게 성장했던 시기에는 제품과 서비스의 공

급에 비해 수요가 넘쳐났다. 사려는 사람은 많지만 팔 물건이 부족하거나, 고객의 눈높이를 충족할 만큼 질 좋은 물건이 없었다. 그러다 보니 열심히 제품과 서비스를 만들면 만드는 즉시 팔려나갔다. 어떻게 일해야 할지 특별히 고민하지 않아도 됐다. 선배들이 시키는 대로 착실히 배우는 태도가 중요했다.

지금은 초과 공급의 시대다. 사려는 사람은 적은데 너도나도 제품과 서비스를 팔기 위해 안달이다. 각 기업이 파는 제품의 품질은 상향평준화되어 있다. 접을 수 있는 플렉서블 스마트폰 같은 신기술이 등장해야 시장에서 간신히 차별화된다.

경쟁자가 미처 생각지 못한 마케팅 방법을 생각해내거나, 세상에 없던 제품과 서비스를 내놓아야 한다. 초과 공급 시대에는 남과 다른 차별화 포인트가 있어야 눈에 띌 수 있다. 누구나 차별화를 위해 창의력을 발휘하고 싶어 하지만 창의력은 그렇게 쉽게 만들어지지 않는다. 하루이틀 창의성 워크숍을 한다고 애플이나 구글처럼 일할 수는 없다. 창의력은 지식과 지식의 결합, 기존 지식의 변형을 통해 발휘되기 때문에 다채로운 지식과 경험을 축적한 사람이 발휘할 수 있는 능력이다.

이런 시대에는 스펙만으로 일을 잘할 수 없는 것은 물론 성실한 태도만으로 놀라운 성과를 만들어낼 수 없다. 일하면서 계속 자신을 돌아보고 성장시켜 고수의 영역에 도달해야만 남다른 결과를 만들어낼 수 있다.

회사에 입사하는 순간에는 많은 사람이 내 일에서 최고의 고수가 되고 싶다고 생각하지만 곧 초심을 잃어버린다. 꿈이 뭐냐고 물어보면 "CEO가 되는 것입니다"라고 외치던 신입사원 시절이 있었다. 이제는 그런 시절이 있었는지조차 기억나지 않는다.

사람들이 회사 가기 싫어하는 건, 일 자체를 싫어하기 때문은 아니다. 우리 안에는 열심히 일하고 인정받고 싶은 열정이 불타고 있다. 문제는 내 뜻대로 일할 수 없다는 데 있다. 업무에 관한 한 내 뜻이 아닌 상사의 뜻에 따라야 한다. 조직에서는 서로의 눈치를 보느라 누구도 동의하지 않는 방안이 선택되기도 한다. 일단 조금이라도 성과가 나면 이번에는 누구의 공인지 따지기 일쑤다. 이런 일들이 반복되면 점점 회사에 가기 싫어지고 월요일 아침이 두려워진다.

만약 일하는 대로 성과가 나오고 모두가 함께 일하고 싶은 사람이 된다면 어떤 기분일까? 월요일이 지금보다는 덜 힘들게 느껴질 것이다. 직장에서 보내는 시간이 조금 더 설렐지도 모른다. 몇십 년 뒤 은퇴를 앞두고는 "참 즐거운 인생이었어!"라고 말할 수 있을 것이다. 그런 꿈같은 삶이 과연 가능할까? 업의 고수가 된다면 가능하다!

공기가 우리 눈에 보이지 않는다고 해서 존재하지 않는 것은 아니다. 마찬가지로 업의 고수도 눈에 잘 띄지 않지만, 실제 존재한다. 고수가 눈에 잘 띄지 않는 것은 고수의 업무 노하우가 대부분 암묵지(暗默知)라는 형태로 나타나기 때문이다.

지식 가운데 말로 표현할 수 있고 따라서 쉽게 다른 사람에게 전달할 수 있는 지식은 형식지(型式知)에 해당한다. 반대로 우리 몸이나 머릿속에 체화되어 있어 도저히 표현할 수 없는 지식은 암묵지라고 부른다. 어느 CF에서 나온 말처럼 '참 좋은데 뭐라 말로 표현할 수 없는' 스킬과 노하우가 암묵지다.

고수와
축적의 시간

서울대 이정동 교수는 《축적의 길》에서 우리 산업계는 성장의 한계에 부딪혔으며 변화하지 않으면 이대로는 더 발전할 수 없다고 일침을 놓았다. 한국의 기업들은 '빠른 2등 전략'을 통해 선진국과 선진 기업을 벤치마킹하는 방법으로 성장해왔다. 하지만 중국과 같은 개발도상국이 비슷한 전략을 사용함에 따라 수익은 적어지고 경쟁은 치열해졌다.

그는 다음의 예를 들어 이해를 쉽게 했다. 인공위성을 쏘아 올리는 추진 로켓은 두 단계의 추진체로 구성된다. 1단 추진체가 어느 정도 로켓을 궤도에 올려놓으면 다음으로 2단 추진체가 불을 뿜어 우주에 닿게 된다. 우리나라의 산업은 1단 추진체가 힘을 잃었는데 그다음 단계에 불이 붙지 못한 상태에 해당한다. 이것이 한국 경제 성장이 멈춘 이유라고 말한다.*

2단 추진체가 힘을 쓰지 못하는 이유는 개념설계 역량이 부족하기 때문이다. 개념설계 역량은 한 분야의 다양한 시행착오 경험을 통해 새로운 결과를 만들어내는 역량이다. 개념설계는 우리가 많이 이야기하는 창의력을 좀 더 구체화한 버전이다.

이정동 교수는 앞으로는 개념설계 역량이 국가와 조직의 미래를 좌우할 것이라 지적한다. 일본의 조다이 사는 매우 긴 교량, 장대교 설계에 특화된 회사다. 서해대교 같이 긴 다리는 아무나 설계할 수 없다. 가혹한 환경에 놓인 긴 다리가 아무 문제 없이 버틸 수 있도록 설계하는 것이 이 회사의 강점이다. 조다이 사에서 설계를 담당하는 엔지니어들은 30~40년 동안 교량 설계를 한 최고의 고수들이다. 이러한 특수 영역에서 높은 부가가치를 올리는 회사의 가장 큰 자산은 오랜 경험을 지닌 직원뿐이다.

근래에는 기술이 쉽게 평준화된다. 다리를 짓는 역량, 자동차를 만드는 역량 등은 중국이나 베트남 같은 개발도상국이 쉽게 추격한다. 개발도상국과의 차별화를 위해서는 개념설계를 경쟁력으로 고부가가치 분야에서 경쟁해야 앞서갈 수 있다. 특화된 전문 고수를 많이 보유한 기업이 높은 수익을 올리는 시

• 이정동 《축적의 길》. 지식노마드. 2017.

대가 되었다.

　내연 기관 자동차를 만들던 회사가 수소 자동차로 주력 비즈니스를 이동하려면 수소차 분야의 고수가 필요하다. 수소 자동차 분야는 미개척 영역이기 때문에 먼저 만들고 운영해본 전문가를 뽑기 어렵다. 기업은 이럴 때 '이미 한 가지 업에서 고수의 영역을 경험해본 사람'을 찾는다. 한 분야의 고수는 인근 영역으로 쉽게 전문성을 확장할 수 있다. 업 자체가 변화해도 고수의 가치는 줄어들지 않는다는 얘기다. 당신도 고수의 반열에 올라 이러한 대체 불가능성을 경험해보기 바란다.

말도 안 되는 업무량을
소화하는 고수

다산 정약용은 평생 총 503권의 저서를 남겼다. 그래서 어떤 이는 다산 정약용을 '한자가 생긴 이래 가장 많은 책을 쓴 사람'이라고 평한다. 한 해에 27권, 한 달에 두 권씩 써야만 가능한 어마어마한 수치다. 다산의 책 저술 시기를 추정해보면 한꺼번에 7~8권 이상의 책을 동시에 작업했다고 볼 수 있다. 도대체 다산은 어떻게 여러 권의 책을 동시에 쓸 수 있었을까? 그것도 집중력이 흐려진다는 멀티-태스킹 방식으로 말이다.

비밀은 제자와의 공동작업에 있었다. 다산의 책 대부분은 제자들과 함께 쓴 것이었다. 고생은 제자가 했는데 스승이 저자가 되었다. 전형적인 갑질이라는 생각도 든다. 정약용이 학자의 연구 윤리에 위반되는 일을 했다는 말인가?

집필의 대부분을 제자들에게 맡기고 본인은 이름만 올린다면 그건 분명 정직하지 못한 일이다. 다산은 프로젝트 매니저로서 기획과 통제의 역할을 담당했다. 책의 큰 방향을 정하고 실제 집필 활동에 참여해서는 내용이 방향에 어긋나지 않게 바로잡는 역할을 맡았다. 협업하면서도 가장 중요한 역할은 직접 담당했다.

다산 정약용은
뛰어난 프로젝트 매니저

다산은 원활한 책 쓰기를 위해 '초서(抄書)'라는 방법을 활용했다. 초서라는 단어의 본래 의미는 '책을 베낀다'는 뜻이다. 하지만 그냥 책 전체를 베끼는 일과는 다르다. 초서는 독서를 하면서 참고가 될 내용을 미리 뽑아두고 정리해두는 방법이다. 이렇게 데이터베이스를 만들어두고 새로운 주제에 맞게 자료를 재구성한다.

초서를 할 때는 프로젝트 리더가 책 쓰기의 전체적인 계획을 세운다. 책의 논지가 분명하도록 주제문과 목차를 정하는 과정이 제일 중요하다. 이렇게 뚜렷한 방향이 세워지고 나서야 본격적으로 본문을 작성하기 시작한다. 본문은 그동안 데이터베이스로 만든 자료를 논리적으로 배치하면 되므로 일이 아주 쉽다. 이렇게 쉽게 책을 쓰는 방법이 바로 초서다.

공동으로 책 쓰기 프로젝트를 하면 여러 문제가 생긴다. 문장의 통일성이 떨어지고, 쓰는 사람에 따라 논점이 바뀌면서 실망스런 결과물이 되기 쉽다. 회사에서 진행하는 프로젝트도 업무 책임 소재를 명확히 하고 중간중간 소통과 조율을 하지 않으면 프로젝트의 완성도가 떨어지게 된다.

나쁜 프로젝트 매니저는 일의 기획 단계보다는 마무리 단계에서 분주해진다. 계획 없이 일단 일을 하도록 시키고 잘못된 결과에 대해 질책하는 방식으로 일한다. 틀어진 결과를 바로잡으려 하다 보니 팀원들의 노력과 헌신은 무시되기 일쑤다. 몇 번이고 매니저가 제대로 됐다는 생각이 들 때까지 다시 일하도록 한다. 애써 해놓은 일을 싹 다 뒤집다 보니 팀원들의 의욕이 생길 리 없다. 프로젝트가 진행될수록 구성원의 열정은 사라지고 보여주기 식으로 일하게 된다.

좋은 프로젝트 리더를 만나면 계획보다 일이 빨리 끝난다. 각자가 맡은 업무를 단순히 모으기만 하면 하나가 되지 않는다는 사실은 미리 짐작이 가능하다. 좋은 프로젝트 매니저는 이러한 오류까지 감안해서 일을 계획한다. 미리 치밀한 설계도를 만들고 설계도를 바탕으로 일을 시작한다. 커다란 오류를 미연에 방지하기 때문에 처음부터 다시 하는 일은 좀처럼 발생하지 않는다.

어느 조직이나 어마어마한 업무량을 처리해내는 능력자가 존재한다. 알고 보면 그들의 비법은 단순하다. '혼자 일하지 않는다.' 그뿐이다. 문제는 같이 일하는 게 혼자보다 몇 배나 어렵다는 점이다. 남한테 맡겨 봐야 내가 또 손을 대야 할 테니 차라리 혼자 하고 말겠다는 사람이 많다. 남들과 함께 일하려니 업무를 조율하는 데 많은 시간과 노력이 들어서 오히려 비효율적이라고 말하는 사람도 있다.

한 사람의 업무량에는 한계가 있을 수밖에 없다. 협업은 과중한 일도 효과적으로 처리할 수 있게 해준다. 다만 협업을 잘 진행하기 위해서는 전체적으로 기획하고 조율, 통제하는 능력이 필요하다. 이 능력이야말로 직장생활에서 최고급 스킬이다. 그래서 모두가 어려워한다.

당신이 평범한 대리로 살고 있고, 간신히 승진해서 평범한 과장이 되려 한다면 이런 최고급 스킬은 필요 없을지 모른다. 하지만 평범에 머무르지 않겠다는 확고한 목표가 있다면 협업을 기획하고 조율하는 기술을 반드시 배우길 권한다.

고수는 함께 일하는 방법을 연구한다

고수는 '어떻게 하면 혼자서도 일을 잘할 수 있을까?'를 생각하기보다 '어떻게 하면 우리가 잘 해낼 수 있을까?'를 고민하는 사람이다. 회사에서는 개인의 업무량은 고려하지 않은 채 많은 업무가 주어지는 경우가 있다. 특히, 일 잘하는 사람에게는 계속 일이 몰리기 마련이어서 결국에는 혼자 막중한 업무를 감당해야 하는 상황이 생긴다.

당신은 한 주 동안 주어진 일을 다 못 끝내서 주말 내내 일 생각이 머리에서 떠나지 않은 경험을 해본 적이 있을 것이다. 사람들은 이런 상황에서 느껴지는 꺼림칙함을 '화장실에서 용변을 본 후 제대로 뒤처리를 못하고 나온 기분'이라고 표현한다. 주말 내내 쉬어도 쉬는 게 아니다. 결국은 그 일을 모두 끝마친 후에야 편하게 쉴 수 있게 된다.

반면에 정시에 일이 딱 끝났을 때의 기분, 내가 계획했던 일이 계획대로 흘러갈 때의 그 기분, 머릿속으로만 그렸던 업무 성과를 눈에 보이게 만들었을 때의 기분은 진짜 최고다. 전문가들은 협업이 다양한 장점이 있다고 밝혔다. 그중에서 가장 현실적인 장점은 일을 빠르게 제시간 내에 마칠 수 있도록 해주는 점이 아닐까?

함께 일하는 과정은 단순히 일을 처리할 뿐 아니라 일하는 방법을 배우고 성장하게 도와준다. 프로젝트팀에 소속되어 일하다 보면 여러 유형의 롤 모델을 만나게 된다. 나와 다른 방법으로 일하는 사람을 자세히 살펴보고 그들의 강점을 내 것으로 만들 기회를 얻을 수 있다.

회사에서 '전 업무의 매뉴얼화 프로젝트'에 참여한 경험이 있다. 그 프로젝트 중에 만난 E과장은 메모의 달인이었다. 그는 두꺼운 다이어리와 포켓형 메모장을 병행해서 사용하고 있었다. 늘 포켓 메모장을 들고 다니며 그때그때 떠오른 아이디어나 보고 들은 정보를 기록했다. 그렇게 적은 메모를 일주일에 한 번 다이어리에 옮겨 적었다.

옮겨 적는 과정에서 정보를 다시 한 번 읽어보고 중요도에 따라 분류했다. 이런 방법을 활용하여 중요한 업무 지시를 놓치는 일이 없었고 늘 아이디어가 풍부하다는 평을 들었다. 프로젝트에 참여한 여러 사람이 E과장의 메모법을 배워갔다. 프로젝트 본래의 목적과는 별개로 거기 참여한 사람들에게 효과적인 메모법까지 가르쳐준 셈이다.

리즈 와이즈먼(Liz Wiseman)과 그렉 멕커운(Greg Mckeown)은 저서 《멀티 플라이어 Multipliers》에서 구성원들의 재능을 100% 이상 끌어내는 역할을 하는 사람을 멀티 플라이어라고 정의한다. 그들이 이토록 놀라운 성과를 낼 수 있는 이유는 협업을 가능하게 만들기 때문이다.

물론 함께 일하자고 말해놓고 자신의 일을 슬쩍 떠넘기는 나쁜 상사가 있다. 협업을 가장한 일 떠넘기기와 진짜 협업은 다르다. 프로젝트 매니저는 진짜 핵심적인 역할은 자신이 맡는다. 가장 어려운 역할을 맡아 전체 프로젝트가 원활하게 돌아가게 만들고 구성원이 그 성과를 맛보게 한다. 반면에 일을 단순히 쪼개서 나누어주고 책임 운운하고 질책하기에 바쁘다면 갑질에 해당한다.

고수는 함께하는 프로젝트를 통해 구성원을 성장시킨다. 같이 일하면서 다른 사람이 일하는 모습을 보는 것, 내 일의 결과에 피드백을 받는 것, 이 방법이 가장 고도의 두뇌 훈련 방법이다. 고수는 가장 고도의 훈련법을 통해 구성원을 단련시키고 자신도 함께 성장한다.

고수와 꼰대는 종이 한 장 차이다. 그 한 장 차이가 서로 다른 결과를 낳는다. 당신은 어떤 선배 밑에서 배우고 있는가? 그리고 어떤 선배가 되고 싶은가?

즐기는 사람은
이길 수 없다

아침마다 출근하고 싶은 직장, 과연 있을까? 많은 직장인의 바람이지만 결코 쉽지 않은 일이다. 그럼 회사 가는 게 너무 좋아서 어쩔 줄 모르는 정도까지는 불가능하더라도, '별로 나쁘지 않네', '그럭저럭 괜찮네' 정도 느낌이라면 어떨까?

독서 토론 모임은 여러 분야에서 일하는 다양한 사람을 만나게 해준다. 독서 모임에서 만난 분들 중에는 자신의 일에 만족하고 즐긴다는 사람이 많았다. 도대체 일이 즐겁다는 그들은 누구일까? 단순히 성격이 긍정적인 사람일까? 아니면 좋은 직장에 다니는 사람일까?

출근이
즐거울 순 없을까?

우선, 적성과 일이 잘 맞아떨어지면 일이 즐겁다. 자신이 좋아하는 분야나 적성에 맞는 일을 구할 수만 있다면 얼마나 좋을까. 창의적인 분야, 전문 직업 분야에 이런 케이스가 많다. 그림 그리기 좋아하는 사람이 디자이너가 되고, 글쓰기 좋아하는 사람이 작가가 된다. 본래 즐기던 분야에서 직업을 찾았으니 일이 즐겁게 느껴질 가능성이 높다. 일이 즐거우니 능률도 좋고 성과도 잘 난다. 취업 지망생들이 바라는 좋은 일은 결국 적성에 맞는 일이다.

'덕업일치'는 광적으로 좋아하는 모습을 일컫는 '덕질'이 직업이 되었다는 말이다. 과거에는 취미 분야가 소득이 높지 않았기 때문에 생업으로 삼기 어려웠다. 프라모델 만들기를 아무리 좋아해도 그게 직업이 될 수는 없었다. 하지만 이제는 라이프 스타일을 중시하는 사람이 증가하면서 취미에 적지 않은 돈을 투자한다. 프라모델 전문점을 차리거나 관련 강좌를 운영하면서 꽤 높은 소득을 올릴 수도 있다.

안타깝게도 덕업일치를 이룬 사람은 생각보다 많지 않다. 생활이 유지될 정도의 소득이 나오는 취미가 아직까지 많지 않기 때문이다. 소득의 편차가 크다는 점도 문제다. 소득의 변동성이 크면 생활이 불안정해질 가능성이 높다.

때로는 좋아하던 일을 밥벌이로 삼고 후회하기도 한다. 하고 싶을 때만 일할 수 있다면 마냥 즐거울지도 모르겠다. 직업이 된다는 의미는 하기 싫을 때도 일을 해야 한다는 뜻이다. 외과 의사는 수술이 하기 싫을 때에도 새벽부터 밤늦게까지 수술실에 머무른다. 자동차 수리공은 무더위가 기승을 부리는 여름날에도 뜨거운 엔진과 씨름한다.

취미의 즐거움은 스스로 시간과 결과물을 조절할 수 있는 자율성에서 나온다. 그러나 직업이 되는 순간 자율적으로 일할 수 없고, 결과를 책임져야 한다. 따라서 취미로 할 때처럼 재미있을 수 없다. 아이디어가 떠오르고 이야기가 술술 풀릴 때만 글을 쓴다면 글쓰기가 얼마나 재미있을까? 원고료를 받고 마감을 지켜야 하는 작가에게 글을 쓰는 일은 오롯이 노동이 된다. 그래서일까? 기자나 작가가 수명이 가장 짧은 직업군에 속한다.

두 번째 유형은 잘하기 때문에 좋아하게 되는 경우다. 어떤 일을 기가 막히게 잘 해낸 경험은 스스로 느끼는 자신의 가치를 높여 준다. 반복적으로 일을 잘 해내고, 내가 공동체에 도움이 되고 있다는 생각이 들면 마음이 뿌듯하다. 그 뿌듯함을 계속 느끼기 위해 더 열심히 노력한다.

처음부터 좋아하지 않았지만 잘 해내다 보니 재미를 느끼게 된 이야기를 하나 살펴보자. 일본의 피아니스트 노부유키 츠지이(Nobuyuki Tsujii)는 시각 장애를 가지고 태어났다. 그대로라면 장애인으로 누군가의 도움 없이는 살 수 없는 삶을 살아갈 운명이었다. 그의 부모는 츠지이를 장애가 있더라도 무언가 한 가지는 잘하는 아이로 키우고 싶었다.

부모는 아이가 잘할 만한 일을 찾아 나섰다. 다양한 시도 끝에 악기 연습에 꽤 끈기를 보인다는 사실을 발견했다. 츠지이는 부모의 권유로 피아노를 배우기 시작했다. 포기하지 않고 배웠을 뿐 음악적 재능이 뛰어난 편은 아니었기에 피아노가 마냥 즐겁지는 않았다. 가장 어려운 부분은 곡 암기였다. 악보를 볼 수 없었기 때문에 완주를 위해서는 곡 전체를 통째로 외워야만 했다.

어느 날 츠지이는 가족과 함께 사이판 여행을 간다. 사이판의 한 쇼핑몰에는 누구나 연주할 수 있는 피아노가 한 대 놓여 있었다. 츠지이는 재미 삼아 피아노를 친다. 시각 장애가 있는 아이가 악보 한 장 없이 긴 곡을 아름답게 연주해내자 사람들이 호기심을 갖기 시작했다. 얼마 지나지 않아 그는 사람들에 둘러싸였다. 반복된 연습으로 그의 곡은 프로 연주자 못지않았다. 관객들은 감탄하며 열띤 환호를 보냈다.

이때부터 츠지이는 프로 피아니스트가 되겠다고 결심한다. 그리고 지금은 세계 톱클래스의 연주자가 되었다. 처음부터 좋아할 수도 있지만, 반복적인 연습을 통해 능력이 향상되면 일이 좋아진다.

잘하기 때문에
일이 재밌다

그렇다면 일을 잘한다는 것은 어떤 의미인가? 여기에는 두 가지 기준이 있다. 타인의 기준과 나의 기준. 상사, 동료와 같은 타인의 기준에 맞춰 일을 해내려는 사람이 많다. 타인의 기준은 달성하기 쉽지 않다.

자기가 꼭 필요하다고 생각하는 능력을 부하 직원에게 강요하는 리더가 많다. 우리 회사에는 데이터를 추출해서 보기 좋게 결과를 뽑아내는 '엑셀 귀신'을 좋아하는 팀장이 많았다. 부하 직원이 다른 능력이 뛰어난데도 엑셀이나 데이터 다루는 게 서툴면 업무 능력이 부족하다고 치부해버린다. 대부분은 팀장 자신이 엑셀에 뛰어난 사람이었다. 이런 팀장 밑에서는 숫자에 능숙하지 않은 직원은 좌절할 수밖에 없다.

신입사원일수록 일을 잘한다는 공통의 기준이 있을 것이라고 오해하기 쉽다. 사람마다 일 잘한다는 것의 기준은 모두 다르다. 어떤 사람은 보고서 작성 능력을 중요시하고, 어떤 사람은 소통 능력을 중요하게 생각한다. 어떤 사람은 완성도가 약간 부족하더라도 속도가 빠른 편을 좋아하고, 다른 사람은 조금 느려도 완벽한 일 처리가 옳다고 믿는다. 따라서 모든 사람에게 일 잘한다는 평을 듣고 인정받기는 불가능하다.

따라서 어떻게 해야 일을 잘하는 것인지 나의 기준을 명확히

할 필요가 있다. 내가 생각하는 진짜 일 잘하는 사람은 어떤 사람일까? 주변에서 업무 능력이 뛰어나다는 선배의 일 처리를 살펴보고 일 잘하는 방법에 관한 책도 읽어보길 권한다. 절대적인 기준이 있는 것이 아니기 때문에 일 잘하는 다양한 기준에 대해 고민해보고 나만의 기준을 만들자.

일 잘하는 방법에 대해 오래 고민하다 보면 가장 근원적인 문제로 되돌아가게 되곤 한다. 바로 내 일의 본질을 정의하는 일이다. 내 일의 본질은 과연 무엇일까? 영업사원이라면 최적의 서비스와 제품을 제안하여 고객을 만족시키는 것이다. 시스템 개발자라면 고객이 최고의 서비스를 받을 수 있도록 적합한 전산 시스템을 제공하는 것이 일의 본질이다.

'내 일의 본질은 무엇인가?'라는 질문은 내가 일을 어떻게 보고 있는가와 맞닿아 있다. 영업사원이 실적 미달로 혼나는 상황에만 시선이 고정되면, 자신의 일을 '욕먹은 대가로 월급을 받는 행위'로 여긴다. 콜센터 상담사가 욕하는 고객에게만 초점을 맞추면 그의 일은 '회사 대신 고객에게 욕먹어 주는 역할'이 된다.

내 일의 본질을 올바르게 정의 내려야 일 잘하는 기준도 똑바로 세워진다. 상사나 고객에게 욕먹는 대가로 월급을 받는다고 정의한 사람은 얼마나 잘 참는지를 기준으로 세운 셈이다. 가급적 반응을 하지 않거나 웃으며 상대방의 비위를 맞출 수 있다면 내 일을 잘 수행한 셈이 된다. 이렇게 부정적으로 일을 정의하고 그에 따라 업무 성공 여부를 판단한다면 얼마나 불행한가? 다시 한 번 일의 본질을 진지하게 고민해보자. 세상에는 고객의 미소, 고객의 행복 관점에서 일을 정의 내리고 고객과 함께 즐겁기 위해 일하는 영업사원도 많다.

결국 회사에 가는 게 즐거운 사람은 '일 잘하는 사람'이다. 흔히 알고 있는 '하이퍼포머', '고성과자' 이런 유형과는 전혀 다르다. 그는 스스로 정의 내린 기준에 비추어 내가 일을 잘하고 있다고 생각하는 사람이다. 고수는 일을 제대로 정의 내린 사람이고, 그 기준에 따라 남의 시선과 상관없이 즐겁게 일하는 사람이다.

작은 성공과
세렌디피티

나만의 기준을 세웠다고 하더라도 여전히 '내가 과연 다른 이의 기대를 충족할 수 있을까?' 하는 불안이 남는다. '타인의 기준을 무시했다가 나만 불이익을 당하는 건 아닐까?' '임원이나 팀장이 바라는 일의 성공 기준을 달성하지 못하면 평가나 승진에서 불리한 건 아닐까?' 이렇게 생각하는 순간 또다시 타인의 기준에 맞춰 일하기 위해 조바심을 내게 된다.

단기간에 조직에서 인정받고 연봉 인상과 같이 눈에 보이는 보상을 받고 싶은 마음은 직장인이라면 누구나 가진 희망사항이다. 이를 위해 때로는 서로 자신의 성과를 부각시키려는 경쟁이 벌어지기도 한다. 성과를 내기 위한 경쟁에, 그 성과를 돋보이게 만들기 위한 경쟁까지 더해진다. 이런 치열한 경쟁 상황은 직장이 마치 전쟁터 같은 곳으로 묘사되는 이유다.

고수는 단기간의 커다란 성취보다는 작은 성공을 쌓아나가는 편을 선호한다. 작은 목표를 달성하면 성취감을 느낄 수 있다. 우리가 성취감을 맛보지 못하는 이유는 성공의 기준을 너무 크게 잡고 있었기 때문 아닐까? 드라마에서처럼 프레젠테이션을 멋지게 해내서 고객을 감동시키고 어마어마한 수주를 따낸다면 얼마나 좋을까? 이런 일은 직장생활을 하는 동안 몇 번 경험하기 어렵다.

보통 일을 한다는 것은 매일 비슷한 잡무를 반복하는 과정이다. 따라서 작은 일에서 성공을 쌓아가며 조금씩 일의 의미를 찾아가는 과정이 성장의 중요한 전략이 될 수 있다. 작은 성공을 쌓아가다 보면 우연히 큰 기회가 찾아온다. 세렌디피티는 우연한 만남이나 발견으로 인한 큰 성공을 의미한다. 이 말은 페르시아 동화 〈세렌디프의 세 왕자〉에서 유래했다. 동화 주인공인 세 왕자는 전설 속의 보물을 찾아 나서지만 결국 보물을 찾지 못한다. 대신 갖가지 문제가 일어날 때마다 우연히, 또는 운명의 도움으로 이를 헤쳐간다. 그러면서 왕자들은 점점 총명해진다.

몇 배의 연봉을 받고 경쟁사로 스카우트되거나 어마어마한 신제품을 개발해 큰 인센티브를 받는다. 이런 성공은 의지만 불태운다고 이루어지지 않는다. 오히려 세렌디피티가 당신에게 커다란 성공을 가져다준다. 그렇다고 세렌디피티가 단순한 행운을 뜻하는 것은 아니다. 여기에서 행운은 준비된 자에게만 찾아온다는 암시가 깃들어 있다. 노력과 실력이 뒷받침되어야 작은 일도 놓치지 않는다. 그렇게 꾸준히 성과를 올리다 보면 이것이 기회로 연결된다. 이런 과정이 바로 세렌디피티를 만들어내는 과정이다.

우리는 좋아하는 일을 해야 행복하다고 생각한다. 점점 그런 기회가 늘어나는 것도 사실이다. 하지만 아직도 좋아하는 일로 밥벌이를 할 수 있는 사람은 제한되어 있다. 안타깝게도 우리 중 절대 다수는 밥벌이라는 이유로 하기 싫은 일도 해야 한다. 그렇다면 이미 주어진 일을 더욱 잘 해내서 보람을 느껴보면 어떨까? 하기 싫은 일, 주어진 일을 허투루 여기지 않는 사람만이 좋아하는 일을 할 수 있는 기회를 잡을 수 있다.

트렌드를 창조하는 고수

　　M차장은 학벌에 콤플렉스가 있었다. 그래서인지 늘 남보다 몇 배로 많은 일을 했다. 회사 근처 사우나 수면실이 M차장의 집이나 다름없었다. 집에는 주말이 되어서야 들어갔다. 월요일에 일주일 치 셔츠와 속옷을 싸서 나왔다. 적당히 하는 법을 모르는 업무 스타일에 동료나 후배들에게 인기가 없었다. 일과 삶의 균형이 중요시되는 시대에 일밖에 모르는 그의 성품은 환영받지 못했다.

　그래도 M차장의 기획안은 사람들의 눈길을 끌었다. 일단 문서의 디자인이 너무나 아름다웠다. 보고서의 내용이 중요하지, 디자인이 뭐가 중요하냐고 말하는 사람이 있다. 보고서의 디자인은 정장과 같다. 모두가 정장을 입고 가는 격식 있는 자리에 운동복 차림으로 참여하면 얼마나 초라해 보이겠는가.

M차장의 보고서는 윗사람들보다 후배들이 먼저 그 가치를 알아보았다. 정작 보고받는 사람들은 누구도 이렇게 보고서를 예쁘게 만들어오라고 한 적이 없었다. 후배들은 서로 M차장의 문서를 본받고 때로는 더 멋진 보고서를 쓰려고 경쟁했다. 절정의 고수는 평범한 사람도 그가 고수라는 것을 본능적으로 느낀다.

그러던 M차장이 진짜 일을 내고 말았다. 정부 기관의 보고서를 보고 영감을 얻었다는데, 20년간의 매출 그래프를 가지고 우리 회사 마케팅 전략의 히스토리를 담아냈다. 20년간 매출 등락을 오로지 한 장의 보고서로 표현하였는데, 어떤 마케팅 전략을 채택했을 때가 효과적이었는지 한눈에 볼 수 있었다.

초등학교 시절부터 대학교를 졸업할 때까지 당신의 성적표를 모두 그래프로 만든다면 어떨까? 수능 같은 중요한 시험 외에도 형성평가나 간단한 퀴즈 점수까지 모두 모은다면? 그러면 나와 관련된 빅데이터가 만들어질 것이다. 빅데이터는 당신이 어떤 사람인지 쉽게 알도록 돕는 역할을 한다. 누군가를 짝사랑하던 6개월간은 성적이 떨어졌을 것이고, 아이돌을 쫓아다니던 해는 성적이 나빴을 수 있고, 부모님께 심한 꾸지람을 듣고 오기를 부린 몇 달은 성적이 좋아졌을지 모른다.

이 데이터가 있다면 당신은 어떤 사람과 어울려야 긍정적인 영향을 받고, 어떤 방법으로 공부를 해야 하고, 심리적인 위기나 슬럼프를 어떻게 넘겨야 할지 파악할 수 있을 것이다.

M차장은 우리 회사의 20년 빅데이터를 모았다. 매출, 시기별 마케팅 전략, 전략에 소요된 마케팅 비용 등 각 데이터를 연결해 의미를 만들자 놀라운 통찰이 드러났다. 물론 과거로 미래를 온전히 예측할 수는 없다. 그러나 그때 그 의사결정이 옳은 것이었는지 아니었는지는 한눈에 알 수 있다.

이 보고서는 벤치마킹이라는 이름으로 다른 회사에도 돌아다니게 되었다. 그리고 얼마 뒤부터 다른 회사에서도 비슷한 페이지가 등장했다. 보고서 첫 페이지에 수년간의 빅데이터를 일목요연하게 보여주고 같은 실수를 하지 말자는 식으로 전개되는 기획안이었다. 이전의 잘못된 의사결정이 낳은 결과를 한눈에 본 리더들은 뒤에 나오는 제안에 반대하기 어려웠다.

일 잘하는 사람에게
일이 몰린다

자기 분야에서 일 잘하는 사람은 점점 할 일이 많아진다. 최고의 스포츠 선수일수록 연습할 것이 점점 더 많아진다는 하소연을 입에 달고 산다. 적당히 하는 사람에게는 연습할 것이 그렇게 많지 않다. 참 신기한 일이다.

일을 깊이 체험해보지 않으면 보이지 않는 영역이 있다. 보고서로 몇 주간 머리를 쥐어뜯으며 고민해보지 않으면 선배의 보고서가 얼마나 대단한 작품이었는지 알아보지 못한다. 처음 기획안을 작성하는 초보는 완성하는 데에만 온 신경을 쓴다. 빠진 내용이 없는지, 오타는 없는지 기본 사항을 챙기기에 정신이 없다. 몇 번 기획안을 쓰고 지적을 받으며 실력을 키워야 슬슬 글의 논리 구조가 눈에 들어오기 시작한다. 논리 정연한 보고서는 읽는 사람을 설득하는 힘이 강하다. 보고서를 보는 눈을 떠야 논리 전개가 올바른지 판단할 수 있다.

어느 정도 논리적인 글쓰기가 되면 이번에는 디자인이 뛰어난 선배의 기획안이 눈에 들어온다. 고수는 직관적으로 내용을 인지할 수 있는 그림과 그래프를 활용하여 기획안을 꾸민다. 후배는 그때부터 선배를 따라 도식화를 위해 노력하게 된다. 인포그래픽 서적을 찾아보고 디자인 책을 뒤적인다.

디자인이 뛰어난 문서 작성하기 단계를 넘어서면 이번에는 간략함에 도전한다. 간결하면서도 핵심 내용을 모두 담은 문서를 만들고 싶어 한다. 최소한의 단어, 최소한의 문장, 하나의 그래프로 당면한 문제점을 깔끔하게 표현하려고 노력한다. 기획의 고수는 초보가 10페이지로 주장하는 내용을 1페이지에 담아낸다. 압축해서 표현하는데도 사람들은 고수의 짧은 주장을 더 명쾌하게 이해한다. 후배는 문장을 다듬고 중복된 단어를 삭제하면서 페이지 줄이기를 고민한다.

기획서 작성의 고수가 되는 과정은 이런 단계로 이루어져 있다. 점점 높아지는 스스로의 눈높이에 맞춰 수준을 높여가다 보면 누가 시키지 않았는데도 자연스럽게 일이 많아진다. 일이 많아져 일의 바다에서 허우적대다 보면 어느새 한 단계 성장해 있는 자신을 발견하게 된다.

어느새 맨 앞에
내가 서 있다

하지만 뛰어난 인재는 나 혼자만이 아니다. 어느 정도 가다 보면 선배들의 자취가 나온다. 높고 튼튼한 빌딩을 짓기 위해 땅을 파보니 선현들의 유산이 계속 발굴된다. "하늘 아래 새로운 것은 없다"라는 탈무드 격언이 틀리지 않다는 것을 증명이라도 하듯 선배 고수의 작품과 마주친다. 그러면 슬슬 완전히 새로운 시도를 해보고 싶어진다.

회사에서 부딪히는 문제 중에서 완전히 새로운 것은 별로 없다. 우리 회사의 매출이 늘지 않는 것은 업계 경쟁 구도가 비슷비슷하고, 이미 포화된 시장에서 고객의 눈이 뒤집힐 만한 획기적인 상품은 만들기 어렵기 때문이다. 매출 개선을 위해 기획서를 쓰고 또 써봐야 문제점 분석이 유사하니 색다른 해결 방안은 나오지 않는다.

업무의 고수들은 이런 상황에 자존심이 상한다. 그래서 선배들은 발견하지 못한 우리 회사 마케팅 전략의 결정적 허점을 짚어 보겠다고 결심한다. 그러고는 문제점 분석에 누구도 미처 보지 못한 측면은 없는지 파헤치기 시작한다.

시도가 반복될수록 아주 조금씩 나아간다. 한 번에 대단한 발견을 할 수는 없다. 처음에는 선배들이 들춰보지 않은 데이터를 다루는 정도다. 예를 들어, 고객 계층 분석의 새로운 측면을 고민한다. 선배들은 고객 나이별 특성, 소득별 특성, 지역별 특성 등을 다 뽑아봤다. 그렇다면 내가 처음으로 분석해보는 고객 특성은 없을까? 누구도 보지 못한 새로운 데이터는 없을까? 그렇게 고민하며 반 발씩 나아가면 점차 숨겨진 진실에 다가간다. 그리고 자신도 모르는 새에 새로운 트렌드를 만들어낸다.

미국의 메가 버스는 고속버스라는 사양 산업에서 색다른 서비스로 주목받은 기업이다. 우리의 고속버스 요금은 거리에 따라서만 달라진다. 미국도 마찬가지였다. 메가 버스는 이런 업계의 통념을 뒤집고 예약 시간대별로 요금을 다르게 매겼다. 버스 출발 하루 전에는 요금이 싸다가 출발 시간이 가까워질수록 요금이 비싸진다. 사람들은 미리 버스표를 끊기 시작했고 메가 버스는 정확한 예약 인원을 기반으로 효율적으로 버스를 운행하면서 높은 이익을 얻었다.

메가 버스의 여러 가지 히트 상품 중에서도 단연 돋보이는 상품이 바로 '원거리 연애 대학생을 위한 할인 요금제'다. 미국에서는 같은 동네에 살던 연인들이 대학 진학으로 인해 장거리 연애를 하게 된다. 장거리 연애가 드물지 않은 일임에도, 버스 회사들은 누구도 별도의 고객층으로 분류해보지 않았다.

메가 버스 사의 업무 고수는 장거리 연애를 하는 대학생들의 데이터를 구해 경영진을 설득했고 전혀 새로운 요금제를 만들었다. 깊이가 다르게 일하다 보면 어느새 자신이 제일 앞에 서는 경험을 하게 된다. 일하는 사람으로서 내 분야에서 새로운 트렌드를 만들어내는 경험만큼 짜릿한 것이 없다. 누가 말하지 않아도 스스로 내가 최고임을 알게 된다.

미친 듯 일하다 보면 새로운 길이 보인다. 그 길을 따라간 사람은 업무 고수가 되었다. 쉽지 않은 과정이다. 처음에는 기획서를 쓰는 것만 해도 어려운데 일단 완성하고 나면 글의 논리 구조를 더 좋게 만들고 싶어진다. 이렇게 조금씩 깊이 들어가면 일은 점점 많아지고, 자기 만족도 기준도 높아진다. 그러다 보니 더 많은 노력을 하고 시간을 쓴다.

그러나 이것이 고수가 되는 길이다. 회사에 비슷비슷한 아이디어를 떠올리고 대동소이한 자료를 만들었던 사람이 얼마나 많은지 알면 놀라게 된다. 우리 회사에서 똑같은 주제로 다섯 번이나 프로젝트를 진행한 기록을 발견하기도 했다.

일에 파묻혀 무모한 짓을 반복하는 듯 보여도 고민 속에서 발견한 새로운 아이디어가 때때로 엄청난 결과를 낳는다. 당신이 가장 먼저 간, 가장 멀리 간 사람이 되는 것이다. 우리는 이런 고수를 '트렌드를 만드는 사람'이라고 부른다.

고수를
발견하라

　　내가 만난 고수의 대부분은 회사의 핵심 인력과는 거리가 멀었다. 많은 회사에는 핵심 인재를 선발, 별도 관리하는 제도가 있다. 일 잘하는 사람과 핵심 인재의 기준이 일치하는 때도 있지만, 그렇지 않을 때가 더 많다. 핵심 인재로 분류하기 위해서는 그 사람에 대해 평가를 해야 하는데 현재의 평가제도로는 고수를 제대로 가려내기 어렵다.

　가장 안타까울 때는 직무 자체가 주목을 받지 못해 고수임에도 회사에서 좋은 평가를 받지 못하는 경우다. 회사에는 주목받는 직무와 그렇지 않은 직무가 구분된다. 금융회사는 자산운용 같은 직무가 대표적으로 주목을 받는 직무에 해당한다. 반면 영업지원이나 총무와 같은 직무는 꼭 필요한 일임에도 직접 수익을 내는 일이 아니다 보니 주목받지 못한다. 주목받지 못하는 직무를 담당한 고수는 상대적으로 눈에 띌 가능성이 적다.

그래서 업의 고수임에도 불구하고 사람들의 눈에 띄지 않은 보석이 많다. 나는 회사에서 이런 보석을 발견할 때마다 회사 전체가 빛나는 듯이 느껴졌다. 이런 사람이 몇 명만 있다면 이 회사에 오래 몸담아도 괜찮겠다는 생각이 든다. '이들과 함께 일하면서 서로 배우고 성장할 수 있었으니 어떤 어려움이 닥쳐도 우리 회사는 헤쳐나갈 저력이 있다.' 이런 생각에 가슴이 벅차오르기도 했다.

보석을 발견하는 법

이렇게 고수를 발견하는 과정은 내가 이 회사에 계속 다녀야 할 이유를 찾는 과정이기도 하다. 고수를 알아보고 관계를 맺으며 성장하려면 고수를 알아보는 눈이 필요하다. 많은 이들이 조직에 좋은 롤 모델이나 멘토가 없다고 한탄한다. 주변에 숨어 있는 고수를 알아보지 못하기 때문이다. 고수를 발견하는 눈을 발전시키고 일부러 찾아 나서지 않으면 고수는 보이지 않는다.

고수를 알아보기 위해서는 결정적인 질문을 준비해야 한다. 내가 중요시하는 가치에 들어맞는 상대를 찾기 위해 몇 가지 질문을 미리 정해 둔다. 그리고 눈에 띄는 동료를 만나면 그 질문을 던져본다.

첫 번째 질문은 '최근 일주일간 성장하기 위해 어떤 노력을 했는가?' 하는 질문이다. 날마다 자신의 업에서 조금씩 성장하기 위해 노력하는 사람은 결국 고수가 된다. 이 질문은 항상 변화를 꾀하며 성장하려는 사람인지 알아보기 위한 질문이다. 본디 매력이 철철 넘치는 사람이라 하더라도 매일 똑같은 모습이라면 다시 만나고 싶은 사람이라는 생각이 들기 어렵다. 반면에 매일 조금씩 변하기 위해 시도하는 사람은 이것이 쌓여서 큰 변화를 이루어내는 법이다.

52시간 근무제 시행 이후에는 사내외 사람들을 만날 때마다 "늘어난 저녁 시간을 어떻게 보냅니까?" 하고 묻는다. 그중 초상화 그리기를 배우러 다닌다는 후배의 말이 가장 인상에 남는다. 예술은 우리 뇌의 가장 고등 활동으로써 창의력과 사고력 향상에 큰 도움이 된다. 뻔한 자기계발이 아닌 자신만의 성장의 길을 찾은 사람을 발견했다는 생각에 그날 온종일 기분이 좋았다.

반면에 늘어난 여유 시간만큼 TV를 보는 시간이 늘었다거나 시간은 많은데 무엇을 해야 할지 모르겠다는 사람을 만나면 조금 답답해진다. 물론 아무 일도 하지 않는 시간도 필요하다. 마냥 게으름을 부리는 시간이 마음을 느긋하게 하고 더 좋은 아이디어를 가져다주기도 한다. 하지만 매일 이런 여유를 즐기다

보면 시간이 훌쩍 지나가버린다.

　두 번째 질문은 '사회와 조직 내에서 나는 자신을 어떻게 자리매김하고 있는가?' 하는 정체성에 관련된 물음이다. 하루 한 걸음이라도 성장을 이루기 위해서는 나의 노력이 어떤 가치를 지니는지 알고 있어야 한다. 지금 일을 상당히 잘하는 사람이더라도 '이 회사는 나를 알아주지 않아. 언제라도 다른 회사를 찾아야 해'라고 생각하는 사람은 발전하려는 노력을 게을리하게 된다.

　정체성을 찾으려면 일과 관련된 상대방을 존중하려는 마음이 있으면 된다. 상대를 존중하는 마음에서 우리 부서의 가치를 찾고 내 일의 가치를 발견하게 된다.

　보험 심사 업무를 담당한 대학 동기가 있다. 보험 심사는 보험 상품 가입이 가능한 고객을 골라내는 업무다. 설계사 입장에서는 가입을 꺼리는 고객을 설득해서 어렵게 체결한 보험 계약이다 보니 심사 과정에서 거절당하면 감정이 상하기 쉽다. 그래서 보험 심사 담당자는 어쩔 수 없이 수많은 다툼과 언쟁 속에서 일할 수밖에 없다. 하루는 그 친구와 점심을 먹는데 얼굴이 어두워 보였다. 무슨 일이 있는지 물어보니 전화를 해서 다짜고짜 입에 담지 못할 욕을 하는 분(설계사)과 통화를 마치고 나왔다고 했다. 상대방은 동기가 여성이라는 점을 악용하여 여성을 비하하는 욕설을 늘어놓았다고 했다.

　"정말 힘들겠네. 업무를 좀 바꿔 달라고 얘기해보지 그래?"

내가 위로하며 이런 말을 건네자 그녀는 뜻밖의 말을 했다.

"모든 일이 힘들 때가 있지. 조금 힘들다고 그렇게 쉽게 편한 일을 찾으려 하면 되겠어? 나는 내 일이 좋아. 보험업은 우리나라 서민들의 삶을 지탱하는 중요한 산업이라고 생각하거든. 보험 심사자인 언더라이터는 그 최전방에서 일하는 사람이니 몹시 가치 있는 일이야. 물론 이해관계가 얽히다 보니 욕을 하거나 화를 내는 사람도 많지. 하지만 그게 다 내 일의 일부라고 생각해. 그들도 열심히 하려다 보니 다툼이 생기는 거겠지. 실적이 거의 없는 설계사는 오히려 다투려고 하지도 않아. 그게 더 안타까워."

나는 그녀보다 몇 년 늦게 보험사에 입사했다. 처음에는 주변에서 보험업을 나쁘게 평할 때면 입사 선택이 옳았는지 고민할 때도 있었다. 그럴 때마다 사명감이 충만한 그녀의 이야기를 들으면서 나까지 에너지가 충전되었다.

그녀는 마치 실제 고객 한 명 한 명을 떠올리며 이야기하는 듯했다. 열정에 가득 찬 눈빛으로 자기 일의 소신을 쏟아냈다. 내 일의 혜택을 입는 사람이 어떤 사람인지 생생하게 그려보면 일의 가치를 느끼는 데 도움이 된다. 그녀가 열심히 심사한 보험에 가입한 한 가정은 사고를 당하더라도 다시 일어설 힘을 가질 수 있다고 생각한다.

테드(TED) 강연으로 유명한 작가 사이먼 사이넥(Simon Sinek)은 책 《나는 왜 이 일을 하는가?》에서 '왜?'를 고민해야 한다고 주장했다. 자기 일에서 '왜?'를 찾은 소수의 사람은 놀라운 성과를 냈다. 스티브 잡스가 일한 이유는 세상에 혁신적인 제품을 선물하기 위해서였고, 빌 게이츠가 일한 이유는 모든 가정에 컴퓨터를 보급하겠다는 신념 때문이었다.

사이먼 사이넥에 따르면 나만의 '왜?'를 찾으면 선택을 하는 명확한 기준을 세울 수 있다. 그걸 바탕으로 함께 그 길을 갈 수 있는 파트너를 발견한다. 그렇게 함께 일하며 놀라운 성취를 이뤄내면 세상에 나의 존재감을 보여줄 수 있다. 비단 나를 드러내기 위한 것만이 아니라 사회적인 기여로 이어진다.

나는 고수를 찾는 두 가지 질문을 만들어 두고 사람들을 만날 때면 그 질문을 사용했다. 내가 시도한 질문을 활용해도 좋고, 당신만의 질문을 만들어도 좋다. 한번 시도해보기를 권한다. 쉽게 고수를 찾을 수 없을지도 모른다. 고수를 발견했는지 아닌지 결과는 중요하지 않다. 다만 우리 조직 어딘가에 숨은 고수가 있고 그 보석을 찾아가는 과정이 직장생활의 묘미라고 생각하면 월요일 아침 회사에 가야 할 이유가 하나 더 생긴다.

지금의 회사에 남아야 하는지, 다른 직장을 찾아야 할지 고민 중이라면 선택의 기준에 항목 하나만 더 추가해보자. 월급, 복리후생, 통근 거리, 정시 퇴근 여부…. 여기에 함께 어울리며 성장할 수 있는 고수가 있는지도 생각해보기 바란다.

많은 직장인들이 착각한다. 직장을 선택하는 데 가장 중요한 기준은 월급이나 복리후생이 아니다. 보상 수준이 중요하지 않다는 말은 아니다. 일단 다른 조건을 가지고 현재 직장에 남을지 이직을 할지 결정하고 나면 그 다음에 짚어보게 되는 항목이 보상 수준이라는 뜻이다. 당연히 중요하게 다뤄야 할 항목이지만 첫 번째 고려 사항은 아니다.

그렇다면 직장을 선택하는 가장 큰 기준은 무엇일까? 바로 내가 얼마나 성장할 수 있는가이다. 성장은 다시 두 가지로 나누어 생각해볼 수 있다. 해당 회사의 성장 가능성과 직무의 가치가 바로 그것이다. 회사가 비전이 있고 그 회사와 함께하는 것이 내게도 도움이 될 수 있다면 그 직장을 선택하면 된다. 비록 회사는 현재 좋은 상황이 아니라도 내가 맡게 될 직무의 성장 가능성이 크고 업계에서 높은 가치를 매기는 직무라면 선택해볼 만하다.

만약 여기에 업무 능력이 뛰어난 사람이 많은 회사라는 평판이 들린다면 이런 회사를 선택하는 것이 내 성장에 도움이 된다. 좋은 회사, 좋은 직무는 현재 가치가 높다는 뜻이다. 뛰어난 역량을 가진 사람이 많다는 것은 미래 가치가 높다는 뜻이다. 그들과 아이디어를 나누고 같이 일하며 역량을 키우면 미래의 내 가치는 수십 배 높아지게 될 것이다.

나의 중심을
파악하자

옆 부서에는 나보다 먼저 책을 쓴 선배가 있다. 책 쓰는 방법을 물으면 간간이 묻는 말에만 대답할 뿐 그 이상은 가르쳐주려 하지 않았다. 꽤 자상하고 친절한 성품을 가진 분이어서 내심 내 글쓰기 코치가 되어 주리라 기대했다. 하지만 기대와 달리 책 쓰는 법을 좀 코치해 달라는 나의 부탁을 단호하게 거절했다. 두 번째 책을 써야 하므로 누굴 코치할 여유가 없다고 했다. 고수에게는 늘 자신의 길이 있고 그게 먼저다.

일의 고수이면서 헌신적으로 가르쳐주기까지 하는 사람을 만나기는 몹시 어렵다. 반면에 그냥 자기 일을 열심히 하는 고수는 많다. 스승이 되어줄 사람을 찾기보다는 진짜 일을 잘하는 사람을 찾는 편이 좋다. 최고의 피아니스트가 되려면 세계 수준의 실력을 가진 연주자를 찾아서 배워야 한다. 친절하고 정성스럽게 가르쳐준다 해도 이제는 동네 피아노 학원 선생님에게서 벗어나야 한다.

당신이 최고가 되고 싶은 분야에서 고수를 찾는 일은 같은 '업'을 추구한 사람을 찾는 과정이다. 당신이 하는 일은 무엇인가? 소속 부서, 담당 직무, 주요 업무…. 과연 내 일을 한마디로 어떻게 표현할 수 있을까?

업에 맞는 롤 모델을 찾자

그렇다면 '업'이란 무엇일까?《고수의 학습법》에서 한근태 작가는 '직업'이라는 말에서 '직(職)'과 '업(業)'을 따로 분리한다. 직은 명함에 들어가는 타이틀이다. 업은 삶의 미션에 해당한다. 내가 이 세상에 존재하는 이유이다.

일이란 단순히 돈을 벌기 위한 활동에 머물지 않는다. 어떤 일을 하고 있느냐는 당신이 어떤 사람인가 하는 정체성과 바로 연결된다. 과거에는 타고난 신분의 고하로 상대를 어떻게 대해야 할지 알 수 있었다. 현대 사회에서는 직업이 그 역할을 한다. 처음 만난 사람끼리는 으레 하는 일을 묻는다. 그의 직업에 따라 사회적 위치를 짐작한다.

직업을 바꾸기는 어렵다. 직업 선택의 자유가 있다지만 모두가 선호하는 일에는 높은 진입 장벽이 있다. 많은 사람이 변호사, 의사 같은 전문직을 선호하지만 다 되는 게 아니다. 높은 진입 장벽을 뛰어넘기 위한 노력과 실력이 필요하다.

'업'은 상대적으로 자유롭게 선택할 수 있다. 남들이 내 직업을 어떻게 생각하는지는 변화시키기 어렵다. 하지만 나 스스로 생각하는 나의 정체성은 바꿀 수 있다. 당신의 업은 무엇인가? 업을 정의할 수 있어야 그 업에 맞는 성장의 방향을 찾고, 그 성장을 도와줄 고수를 찾을 수 있다.

15년간 인사 업무만 했다는 H팀장은 '인사만사'라는 말을 가장 좋아했다. 경영은 사람으로 시작하고 사람으로 끝나니 경영 전체가 사람과 관련된 일이라고 말하곤 했다. 그리고 인사가 중심이 되는 경영을 펼치는 경영자가 되고 싶다고 했다. 그게 그분의 업이었다. 인사 출신의 CEO가 있으면 유독 유심히 살피고, 롤 모델로 삼고 배웠다. 이제는 중견기업의 대표이사가 되셨으니 그분의 생각대로 된 셈이다.

업을 발견하면 눈빛이 달라진다. 더는 일이 밥벌이가 아니게 된다. 매일 출근하고 일하는 과정이 내가 살아가는 이유, 나의 미션을 수행하는 과정이 된다. 나의 업과 연관된 분야의 책을 읽고 세미나를 찾아가 배우면서 성장하는 자신을 느낀다. 월요일 아침을 지옥에서 천국으로 바꾸는 과정에는 업의 발견이 있다.

SNS를 통해 새롭게 관계를 맺을 기회가 늘어나면서 이제는 회사 밖에서도 같은 업을 추구하는 사람과 쉽게 만나 어울릴 수 있는 시대다. 처음 인사 업무를 맡고 관련 인터넷 카페에 가입하였는데 회원 수가 어마어마해서 깜짝 놀랐던 기억이 있다. 회원들끼리 자발적으로 운영하는 세미나에도 참석했는데 매우 수준 높은 정보가 오갔다. 인사관리 이론을 기반으로 해서 그걸 먼저 시행해본 회사의 사례를 들려주었는데 기업 교육 기관의 수업에서는 접할 수 없는 내용이었다. 이런 직무 관련 커뮤니티는 엄청난 수가 개설되어 있고 각종 스터디 모임도 활발하다. 결국 배우고자 하는 사람의 의지가 필요할 뿐이다.

내 중심을
아는 게 먼저

배움에도 전략이 필요하다. 뭐든 배워두면 언젠가는 다 쓸모가 있다고 말하는 분들이 있다. 틀린 말은 아니지만, 옛날식 사고다. 지금은 배우는 속도보다 빠르게 새로운 지식이 만들어지는 시대다. 무턱대고 이것저것 배우면 새로 만들어진 지식의 흐름을 놓치기 십상이다.

방송통신대는 다른 일반 대학과 비교해서 들어오는 사람은 많지만 졸업하는 사람이 훨씬 적다. 방송통신대 교육은 주로 온라인으로 진행된다. 온라인 교육은 원할 때 공부할 수 있다는 장점이 있지만, 때로는 그게 단점으로 작용한다. 학습 자율성이 크다 보니 자기 통제가 부족한 사람은 게으름을 부리게 된다. 하루이틀 미루다 보면 어느새 생업이 바빠지고 공부를 포기하게 된다. 독서 토론 모임 또한 마찬가지다. 자율적 참여를 기반으로 하다 보니 무수한 사람들이 새로 가입만 하고 중도에 포기한다. 어른의 공부는 시작하기는 쉽지만 끝내기는 어렵다는 특징이 있다.

끝까지 공부를 마치는 사람은 공부를 시작한 목적이 명확하다는 공통점이 있다. D선생님은 중견기업 임원이었다. 은퇴 후 독서 토론 모임 운영자로 활동하기 위해 숭례문학당 경영 독서 토론 모임에 나왔다고 했다. 자신의 성장 방향과 그 기간이 명확하다 보니, 엄청난 집중력으로 읽은 책의 내용을 소화해냈고 치열하게 토론했다. 지금은 본인이 구성한 독서 토론 모임의 리더로서 모임을 운영하고 코치하고 있다.

전략은 현재 내가 가진 자원을 최대한 활용하여 목표를 달성하는 과정이다. 따라서 내가 가진 자원이 무엇인지 명확히 파악하고 있어야 한다. 내 강점을 알고 있으면 그 강점을 충분히 발휘할 수 있는 배움의 전략을 세울 수 있다. 현재 당신이 하는 일, 지금까지의 커리어, 대학 전공, 읽은 책 모두가 강점이 될 수 있다. 지금 하는 일과 직접 관련이 없는 경험이나 능력일지라도 새롭게 정의하면 업에 큰 도움이 된다.

나는 '함께 성장하는 공부법 연구'를 업으로 정했다. '기업 교육 전문가'라고 업을 정의 내렸다면 이 분야에서 오래 근무한 경력 빼고는 차별점이 없었을 것이다. 기업 교육 분야에는 오래 근무한 분들이 차고 넘친다. 석박사 학위 보유자도 많다.

'여러 사람이 함께 공부, 성장하는 방법을 연구하여 발전시키기'라고 정의를 바꾸자 다양한 활동이 모두 장점이 될 수 있다는 사실을 알게 되었다. 업계의 선배 교육 담당자와 면담했던 일, 독서 토론을 통해 생각을 나누었던 일, 신문사 부설 교육센터에서 글쓰기 강좌를 수강한 일 모두가 업과 관련된 경험에 포함될 수 있었다.

당신의 공부 목표가 인사 전문가라면 인사 분야에는 어떤 고수들이 있을까. 인사 전공 박사 학위 소지자, 20년간 인사 업무를 한 사람, 인사 담당 임원…. 과연 누구를 당신의 롤 모델로 삼을 것인가? 남들이 먼저 정해놓은 업에는 이미 고수를 자처하는 사람이 많다.

특수한 분야, 세밀한 분야, 여러 분야가 통합되어 만들어진 새로운 분야는 아직 깊이 공부한 사람이 드물다. 따라서 누가 그 분야의 고수인지 금방 드러난다. 업을 이렇게 세밀하게 정의 내리려면 깊은 고민이 필요하다.

최근에서야 내 안의 작은 세상을 만들어가는 게 공부라는 사실이 밝혀졌다. 그전까지 교육학자들은 공부는 절대적인 진리를 전달하는 과정이라고 생각했다. 나이가 더 많은 사람, 더 오랜 시간 공부를 한 사람은 진리에 더 다가갔다고 판단했다. 따라서 스승은 절대적인 존재이고 스승의 가르침은 무조건 받아들여야만 했다.

뇌 과학이 발달하면서 인간이 배우고 성장하는 방법을 새롭게 밝혀냈다. 이제는 누구도 절대적인 진리가 있다는 사실을 믿지 않는다. 공부란 우리 하나하나가 세상을 이해해 나가는 과정이다. 우리는 이해한 대로 우리 안에 작은 세상을 그려 넣는다.

당신의 작은 세상이 어떤 모습이냐에 따라 롤 모델이 달라지고 성장의 방향이 달라진다. 돈을 모으기 위해 직장생활을 한다고 생각하는 사람은 재테크로 부를 일군 선배를 찾아야 한다. 내 일에서 최고의 전문가가 되고 싶다면 사내외를 가리지 않고 해당 직무의 고수를 찾아야 한다. 많은 사람을 내 편으로 만들고 어울리며 사는 삶을 바란다면 인간관계의 고수를 찾아야 한다.

'나의 업은 무엇인가?'

성장을 위해 사람을 찾기 전에 자신의 안을 먼저 들여다보아야 한다. 그리고 내 일은 어떤 의미가 있고, 나는 미래에 어떤 모습이 되고 싶은지 고민하자. 사회에는 정해진 커리큘럼이 없다. 무엇을 배울 것인가, 누구에게서 배울 것인가, 어떻게 배울 것인가를 정하는 것 모두 당신의 몫이다.

고수는 걷지도 못하는 초보를 가르치지 않는다. 사회에서 만나는 고수는 어린 시절의 스승과 다르다. 고수가 후배를 가르치는 이유는 그의 성장을 보며 자신도 더욱 성장하기 위해서다. 아무런 대가도 받지 않는데 굳이 초보의 멘토 역할을 맡아 고생하려고 하는 고수는 극히 드물다.

최고가 되려면
고수에게 배워라

컨설턴트로 우리와 함께 일했던 Z부장은 해결해야 할 문제가 무엇인지 적어보는 방법을 알려주었다. 해결해야 할 문제를 하나의 질문 형태로 적는다. 그리고 좀 더 세부적인 문제들을 아래에 적어 내려간다. 이 방법은 굵은 줄기에서 잔가지를 내리는 모양이어서 '로직 트리'라고 불린다. 하위 문제까지 충분히 펼친 후 더 이상 문제를 도출해낼 수 없으면 그때부터 문제의 답을 하나씩 써 내려간다. 그러면 신기하게도 쉽게 해결방안이 떠오른다. 막상 적어보면 막연한 두려움과 달리 실제 해결해야 할 문제가 많지 않다는 사실을 깨닫곤 한다. 생각만 할 때는 문제가 너무 다양하고 복잡해 보인다. 그런데 종이에 쓰면서 실체를 쫓아가 보면 막연한 두려움이 문제를 크게 보이도록 만들었다는 사실을 깨닫게 된다. 업무 고수들은 이렇게 다양한 생각법을 시도해보고 자신만의 방법을 개발한다.

또 다른 일의 고수 H팀장은 마인드 맵을 기획의 도구로 활용했다. 마인드 맵은 영국의 한 대학 연구원 토니 부잔(Tony Buzan)이 고안한 아이디어 정리 방법이다. 부잔은 대학에서 일하다 보니 많은 양의 정보를 체계적으로 분류하고 활용할 방법이 필요했다. 어느 교수도 그에게 마땅한 정보 정리 방법에 대해 알려주지 못했다. 여러 방법을 연구한 끝에 정보를 간추리고 그 관계를 간략하게 표시하는 방법을 발견했다. 그게 바로 마인드 맵이다.

H팀장은 A4 용지 한가운데에 기획안의 주제문을 적어 넣었다. 거기에서 출발해 관련된 아이디어를 파생시켜 나갔다. 아이디어 덩어리는 원이나 네모로 표시하고, 아이디어 간의 관계는 연결선으로 잇는 식이다. H팀장이 마인드 맵을 그리는 모습을 보면 아이디어가 가지처럼 뻗어 나갔기 때문에 커다란 나무 그림을 그리는 것처럼 보였다. 아이디어 전개가 끝나면 이번에는 중요한 것에만 색칠했다. 색칠한 아이디어를 잘 정리해 문서로 만들면 하나의 기획안이 완성되었다.

내게는 이 과정이 무슨 마술 같다는 생각이 들었다. H팀장이 마인드 맵을 통해 생각을 정리해 나가는 모습을 어깨너머로 지켜보면서 수월하게 기획서 작성 방법을 배웠다. 그의 마인드 맵 그리기는 말로 전하기 어려운 무수한 정보를 담고 있었고 그걸 훔쳐보는 것만으로도 내 기획력은 향상되었다.

고수는
자신만의 생각법을 가졌다

　박정준 작가는 《나는 아마존에서 미래를 다녔다》에서 자신이 터득한 일 처리 방법에 관해 이야기한다. 시스템 개발 자라는 일은 매 순간순간 논리적으로 문제를 해결해야 하는 직업이다. 작가는 아마존이라는 치열한 일터에서 살아남기 위해 '스스로 묻고 답하는 방식'을 고안해냈다. 일하다 보면 동시에 여러 가지 고민이 떠올라서 머리가 뒤죽박죽되기 쉽다. 일 자체가 어려워서라기보다는 내 머릿속이 복잡하고 걱정이 많아서 일이 진척되지 않는다. 이럴 때 하나하나씩 떠오르는 질문에 스스로 답하다 보면 문제가 무엇인지 명확해진다. 문제가 명확해지면 답을 떠올리기 쉽다.

　기획은 특정한 문제의 해결책을 논리적으로 풀어나가면서 이해 관계자를 설득하는 일이다. 선배들이 기획하는 모습을 보면 별일 아닌 것처럼 보인다. 막상 내가 하려면 어디서부터 어떻게 시작해야 할지 엄두가 나지 않는다. 머릿속에 아이디어가 있는데 그것을 논리적으로 풀어내기는 상당히 어렵다. 그럴 때 쓸 수 있는 자신만의 노하우를 가지고 있으면 고수라 불린다.

　고수가 문제를 해결하는 방법은 시행착오를 겪으며 만들어진다. 셀 수 없는 시행착오를 겪으며 깊이 고민하다 보면 자신만의 생각 지름길을 만들게 된다. 아마존의 박정준 작가가 마음속으로 질문을 던지고 답을 하는 방법은 그만의 생각 지름길로 가는 과정이다. H팀장이 마인드 맵을 그려서 기획의 큰 줄거리를 잡아가는 것도 그만의 생각 지름길로 가는 과정이다.

고수의 생각 지름길을 배울 수 있다면 어떨까? 아마도 당신은 단기간에 고수로 성장할 수 있을 것이다. 당신에게 롤 모델이 필요한 이유는 인생은 짧고 배울 시간은 한정되어 있기 때문이다. 롤 모델이 문제에 봉착하여 그걸 어떻게 극복하는가를 직접 보면 일하는 원리를 쉽게 배울 수 있다.

어린아이가 성장하는 단계를 살펴보면 '배움의 결정적 시기'가 있다. 해당 시기에 배운 내용은 이후 학습의 토대가 되기 때문에 이 시기를 놓치면 학습에 어려움을 겪게 된다. 언어 학습의 결정적 시기는 유아에서 시작해 사춘기 정도에 끝이 난다고 한다. 직장에서도 배움의 결정적인 시기가 존재한다.

통상 직장생활을 시작하고 3년 내에는 업무 처리에 필요한 지식과 스킬을 모두 습득해야 한다. 회사마다 신입사원이라는 이유로 실수를 용인해주는 관용의 시기가 있다. 회사마다 서로 다르지만 대개 입사 후 2~3년이다.

3년이 넘으면 본격적으로 업무 능력 평가가 시작되고, 비공식적인 평가인 평판이 형성된다. 이즈음에는 일을 하는 나만의 방법, 문제의 해법을 찾아내는 나만의 노하우가 만들어져 있어야 한다. 이후의 배움은 이러한 방법을 갈고닦아 더욱 날카롭게 만드는 과정이다.

사람을 겪으며
일을 배운다

일에 필요한 지식을 책에서 얻겠다고 말하는 사람이 있다. 책 속의 지식은 현재의 일과 관련된 특수한 상황이나 조건에 딱 들어맞지 않는다. 저자는 두루 통하는 일반론을 제시해야 하므로 매우 추상적으로 책을 저술할 수밖에 없다. 어떤 상황에도 들어맞을 듯한 원칙을 제시하지만, 역설적으로 어떠한 상황에도 딱 들어맞지 않는다.

어떤 이는 시행착오를 겪으며 스스로 원리를 깨닫는다고 주장하기도 한다. 이러한 방식은 비체계적인 접근 방법이기 때문에 상당한 시간과 에너지를 소모할 수 있다. 한 사람이 경험을 통해 얻을 수 있는 지식의 양은 생각보다 많지 않다. 여러 사람이 축적한 역량을 배울 수 있다면 엄청난 시간과 노력을 절약할 수 있다. 가르쳐 달라는 말을 하기 어렵다는 이유로 혼자 분투하면 멀리 가기 어렵다. 10년 후에는 누가 더 성장해 있을지 결과를 비교해보지 않아도 뻔하다.

경험은 단순히 경험으로 끝나서는 실력을 키울 수 없고 반드시 그 의미를 성찰하는 과정이 뒤따라야 한다. 자신이 겪은 일이 어떠한 의미가 있고 나는 거기서 무엇을 배웠는가를 곱씹어야만 성장이 일어난다. 이 과정 또한 오랜 시간이 걸린다. 어떤 분야든 이끌어주는 사람 없이 스스로 원리를 체득하여 일정한 수준에 오르기까지 많은 시간이 걸린다.

함께 배우고 성장할 롤 모델을 찾는다면 10년이 걸릴 학습 기간을 5년으로 단축할 수도 있다. 《1만 시간의 재발견》의 저자 안데르스 에릭슨(Anders Ericsson)은 고수가 되기 위해 1만 시간이 필요하다는 생각은 자신의 아이디어를 잘못 해석한 것이라고 지적한다. 자신의 아이디어를 옮긴 작가들이 독자의 눈에 확 띄는 개념을 만들기 위해 '1만 시간'이라고 정한 것일 뿐 실제로는 고수가 되는 데 필요한 시간은 7만 5천 시간일 수도 있고 12만 시간이 될 수도 있다고 말한다. 시간보다 더 중요한 요소는 실력이 향상되도록 적절하게 설계된 연습 프로그램과 고수의 피드백이 있느냐 하는 점이다. 잘못된 자세로는 10년을 연습한다고 해도 골프가 늘지 않는 것과 같은 이치다.

사람을 통해 배우는 방법에 아무리 장점이 많다 하더라도 누군가에게 도움을 청하는 일이 선뜻 내키지 않을 수 있다. 서로 도움을 주고받는 관계가 바람직하고 자연스러운 것이라고 단정 짓기 쉽지만 실제로는 도움을 요청하는 순간, 도움을 주고받는 사람 사이에는 보이지 않는 권력관계가 형성된다.

도움을 주는 사람이 권력을 쥐게 되고, 도움을 요청한 사람은 약자의 위치에 서게 된다. 도움받는 사람은 이미 자신의 전문성이 부족함을 인정하는 셈이기 때문에 도움을 주는 쪽이 더 우세해진다. 게다가 도움받는 사람은 나름의 대가를 치른다. 도움 주는 사람을 존중하고 우대하는 식으로 값을 치른다. 가르쳐 달라고 말하는 것이 뭐 그리 어렵냐고 말할 수도 있지만, 가르쳐 달라고 말하는 순간부터 약자로서 치러야 하는 수고를 생각하면 도움을 청하는 게 쉬운 일만은 아니다.

다만, 사람을 통해 배운다는 과정이 꼭 누군가는 가르치고 누군가는 배워야 하는 과정일 필요는 없다. 함께 일하며 고수가 일하는 모습을 관찰하면서 자연스럽게 배울 수도 있다. 일본 유수의 컨설팅 회사에서 경력을 쌓은 센다 다쿠야는 저서 《어른의 공부법》에서 롤 모델의 중요성을 강조한다. 작가는 우연히 유명한 시니어 컨설턴트와 함께 일할 기회를 얻었다. 그는 이 기회를 놓치지 않고 시니어 컨설턴트의 사고방식과 업무 스타일을 샤워하듯이 그대로 덮어쓰려고 노력했다. 능력 있는 사람을 그대로 따라 해보는 방법은 성장에 큰 도움이 된다.

이 일을 계기로 작가는 항상 '그 사람이라면 어떻게 생각하고 문제를 해결할까?' 하고 생각하기 위해 노력했다. 이것을 '생각 따라 하기'라고 불렀다. 롤 모델이 과거에 그와 비슷한 상황을 어떻게 해결했는지 구체적으로 알지 못해도 상관없다. 롤 모델의 평소 정보를 기반으로 해서 '롤 모델이라면 이렇게 할 것 같다'라는 식으로 예측하면 된다. 고수의 생각 방법을 유추해서 실천하면 큰 성과를 얻을 수 있다.

만약 당신이 '능력 있는 사람이 되고 싶지만, 관계를 쌓고 유지하기 위한 막대한 시간과 노력이 아깝다'는 마음이 든다면 자연스러운 것이다. 그동안 우리 사회는 일터에서의 배움을 위해 억지로 관계 맺을 것을 강요했다. 상사와 함께 남아 야근을 하고, 술자리까지 동석해야 그의 업무 비결을 배울 수 있다고 믿었다. 그 와중에 지쳐가는 몸과 마음에 대해서는 배려하지 않았다. 하지만 이제는 나 역시 누군가에게 일을 배우기 위해 편치 않은 식사 자리에 동석해야 한다고 생각하면 선뜻 내키지 않는다.

그렇다고 해서 유튜브를 찾거나 자료를 뒤적거리기만 해서는 고수의 영역에 다다를 수 없다. 아무리 네트워크에 여러 가지 지식이 쌓여 있는 시대라 해도 그 지식을 엮어 어떻게 문제를 해결할지는 그때그때 다를 수밖에 없다. 유튜브에는 직접 집을 수리하는 방법이 많이 올라와 있다. 낡은 아파트에 살면서 비용을 아끼려고 유튜브를 보며 혼자 변기를 교체해본 적이 있다. 실제로는 생각지 못한 상황이 너무 많이 생겼다. 시멘트와 물의 비율을 정확히 맞추기 어려웠고, 실리콘은 영상으로 본 것만큼 깔끔하게 발라지지 않았다. 결국 전문가를 불렀고, 전문가가 작업하는 모습을 보니 무엇이 문제인지 금방 알 수 있었다.

배우고 가르치며
진짜 동료를 얻는다

배우고 가르치는 관계에서 동료 간의 정서적 유대감이

만들어진다. 스트레스 속에서도 직장생활을 이어갈 수 있도록 하는 힘은 '동료와의 유대감'에서 나온다. 자주 어울리기 때문에 친해질 수 있을지 모른다. 하지만 그런 사람과는 자주 만나지 못하게 되는 순간 멀어지게 된다.

반면, 배움을 통해 이어진 관계는 더 끈끈하다. 권투 체육관을 운영하는 친구의 말에 따르면 학교 선생님이나 부모의 말은 전혀 듣지 않는 학생도 운동을 가르치는 코치의 말은 잘 따른다고 한다. 반항기의 사춘기 아이라도 자신이 성장하고자 하는 분야에서 가르침을 주는 어른에게는 절대적인 신뢰를 보인다.

조직의 특성상 위계의 위쪽으로 올라갈수록 외로움을 느끼게 된다. 여러 리더십 책에서는 다정다감한 리더를 이상적으로 묘사하지만 실제로 그런 리더는 존재하지 않는다. 책에서는 '리더'라는 용어를 사용하지만, 실제 직장에는 리더는 없고 '관리자'만 있다. 내 생살여탈권을 쥔 사람이 바로 관리자다. 직장에 업무 평가가 존재하는 한 직원으로서 관리자를 편한 친구로, 가까운 형이나 언니로 생각할 수는 없다.

리더는 리더 나름대로 외로움을 느낀다. 주변에 사람은 많지만, 마음을 나눌 동료가 없다며 쓸쓸함을 토로한다. 관리자란 태생적으로 팀원과 거리가 생길 수밖에 없는 자리다. 후배들이 어려워하고 편하게 다가갈 수 없는 심리적인 장벽이 생긴다. 그러나 함께 배우고 성장하는 리더는 다르다. 비록 관리자의 위치라 하더라도 보고 배울 점이 많은 팀장의 주변에는 사람이 모인다. 외로움을 느끼는 팀장이라면 배우고 성장하는 관계를 만드는 편이 낫다. 팀원의 성장을 도우면 다음에는 팀원이 팀장의 성장을 돕는다.

경지에 오른 이들이 모인 세상은 대화 내용부터가 다르다. 그들은 원초적인 본능을 논하지 않는다. 다음 단계로의 성장, 능력의 고양, 일을 통한 인격적 성숙이 그들의 관심사다. 만일 일의 고수들이 모인 직장이 있다면 바로 이런 모습이 아닐까?

오늘 하루 우리가 나눈 대화의 주제는 무엇이었을까. 밥벌이, 회식, 스트레스, 누군가의 뒷담화… 대화가 이런 범주에 머문다면 아직 고수의 수준에 이르지 못한 셈이다. 언젠가 은퇴할 때가 되면 지난 회사생활을 되돌아볼 것이다. 수십 년간 이어온 생각과 행동 대부분이 낮은 차원의 것이었다면 얼마나 슬프겠는가.

3장

내가 있다

진짜 성장의 도구는
사람

"업무 관련 자격증이 많으면 합격률이 높아지겠죠?"

채용 담당자로 면접을 진행하던 때였다. 자기 차례를 기다리던 지원자가 물었다. 이럴 때 채용 담당자는 지원자의 긴장을 풀어 주고, 면접에서 제 실력을 발휘하게 도와야 한다. 우선 긴장을 풀어 주고자 몇 마디 대화를 나눴다. 불안한 상태에서는 답을 주어봤자 내 말이 귀에 들어올 리 없다고 생각했기 때문이다. 대답보다는 질문을 하는 편이 낫다고 판단했다.

"자격증이 하나도 없어서 불안하세요?"

"아뇨. 많이 있긴 한데 입사 지원서에 쓰질 않았거든요."

"아니 왜요? 다른 지원자들은 하나라도 더 적으려고 애썼을 텐데요."

"취업 스터디에서 선배님들이 하는 말씀이 업무와 관련도 없는 잡다한 자격증은 오히려 목표가 뚜렷하지 않은 사람처럼 보인다고 해서요. 보험회사에서 일하는데 중장비 자격은 필요 없잖아요."

이야기를 듣다 보니 그 지원자는 스킨 스쿠버, 전기기사, 중장비 운전면허증까지 온갖 자격증을 가지고 있었다. 그런데 지원 동기에는 금융, 보험사에 취업할 생각으로 오랫동안 준비해 왔다고 적었다. 왜 뚜렷한 진로 계획이 있는데도 전혀 관련 없는 자격증을 취득했을까? 그의 대답은 '그냥 불안해서'였다.

"그냥 불안해서 이 많은 자격증을 땄다고요? 처음부터 지원 분야가 명확하다면 금융사 취업에 도움이 되는 자격증만 따지 그랬나요?"

"한 분야에만 치중했다가 필요한 자격증이 없으면 어떡해요. 가고 싶은 직장에 취업이 된다는 보장이 없으니 만일을 위해 이것저것 준비를 해야 한다고 생각했어요. 그런데 지금은 한 가지 분야의 전문성을 키우는 편이 나았을 거라는 생각이 드네요."

당신이 전선에서 적과 대치 중인 장군이라면 방어력을 집중해야 할 전략적 요충지를 선택해야 한다. 그곳에 더 많은 병력과 자원을 배치해 반드시 지켜내야 한다. 전략적 요충지를 지키면 다른 전선에서 밀린다 해도 전쟁에서는 이길 수 있다.

적이 어디로 쳐들어올지 알 수 없다는 이유로 전체 전선에 전력을 분산하면 어느 한 곳도 제대로 지킬 수 없다. 모든 곳을 지키려고 하다 보면 모든 곳을 잃는다. 우리에게는 늘 자원이 부족하기에 선택이 필요하다. '만일의 만일'을 위해 미리 따 두어야 하는 자격증은 어디까지일까?

교육비는 상위, 일하는 역량은 하위인 대한민국

샐러던트는 공부하는 직장인을 뜻한다. 영어 샐러리맨과 스튜던트를 합성한 말로 52시간 근무제를 계기로 다시 주목받는 단어가 되었다. 샐러던트의 본래 의미는 참 좋다. 나도 몇 년 전까지 샐러던트를 새해 목표에 넣곤 했다. 언제부터인가 한 가지 의문이 생겼다. 왜 대한민국 샐러던트의 새해 목표는 외국어, 자격증, MS-Office 능력시험 등 몇 가지 카테고리에 집중될까.

우리나라의 가계 교육비용은 매년 늘어난다. 저출산으로 자녀의 수가 줄었는데도 가계의 교육비가 늘고 있는 이유는 엄마, 아빠의 교육비가 추가되었기 때문이다. 52시간 근무제 도입 이후 학원을 찾는 직장인들이 늘고 있다.

샐러던트들이 주로 지출하는 교육비는 어떤 것일까? 동아일보의 기사를 보면 직장인의 자기계발에서 자격증 취득, 외국어 회화, 공인 어학 점수 취득 준비가 압도적인 비중을 차지한다. 교육 방법은 주로 온라인 교육, 학원 수강이었다.*

샐러던트의 공부법은 성과가 나고 있을까? OECD는 10년마다 각 나라 성인을 대상으로 역량 평가를 한다. PIAAC라고 부르는 이 평가는 업무를 수행하는 데 꼭 필요한 언어 능력, 수리 능력, 컴퓨터 활용 문제해결 능력을 주로 평가한다.

가장 최근의 조사 결과를 보면 한국 어른의 공부 시간은 연간 142시간으로 조사 대상 국가 중에 최상위에 해당한다.** 이는 북유럽 선진국으로 불리는 핀란드 56시간, 스웨덴 64시간, 노르웨이 65시간에 비해 두 배가 넘는 수치다.

많은 시간을 공부에 쏟는 것에 반해 성과는 미진한 편이다. 한국 성인의 업무 역량은 대부분 영역에서 고작 평균 수준에 머무른다. 그나마 다른 영역에서는 평균 수준이라도 되지만, 컴퓨터 활용 문제해결 영역에서는 평균에 크게 못 미친다. 세계에서 가장 많은 교육비를 쓰고도 성과를 올리지 못한다.

무엇을 공부하느냐에서부터 잘못되었다. 자기계발을 열심히 한다는 직장인 상당수는 외국어와 자격증 공부에 매진한다. 공인 외국어 시험이나 자격증은 빠르게 결과를 확인할 수 있는 장점이 있다. 한국의 직장인은 단기간에 눈에 보이는 결과가 나오는 공부에만 관심을 가진다. 이러한 공부는 OECD가 평가

• 신무경 〈"배움에는 나이가 없다!" 대학생도 직장인도 '열공' 모드…왜?〉 동아닷컴. 2019. 05. 07.

•• KRIVET Issue Brief 〈한국직업능력개발원〉 2016. 04. 30.

하는 언어 능력, 문제해결 능력을 키워주지 못한다.

열정적인 샐러던트일수록 돈은 많이 쓰는데 공부의 과실은 적다. 단지 열심히 자기계발을 했다고 위안하고 있을 뿐이다. 미래가 불안하다고 술을 먹는 것보다는 공부가 낫긴 하다. 적어도 건강을 해치지는 않을 테니까. 외국어 공부, 자격증 공부나 술이나 목적은 매한가지다. 잠시 불안을 잊게 도와준다. 효과는 오직 그뿐이다.

자격증은 만능 키트가 아니다

직장인들이 선호하는 자격증에는 공인중개사가 단연 인기가 높다. 부동산 가격이 높아질수록 공인중개사의 인기도 따라간다. 중개는 매수자와 매도자를 연결해주는 일이다. 언뜻 복잡해 보이지만 매우 단순한 역할이다. 단순히 수요자와 공급자를 연결해주는 플랫폼은 AI나 자동화에 대체되기 쉬운 분야에 해당한다. 이미 직방, 다방, 호갱노노 등 다양한 부동산 중개 애플리케이션이 자격증 보유자를 대체하고 있다.

AI의 다음 공략처는 번역과 외국어 분야이다. 나는 해외투자로 음성인식 기술을 가진 중국의 스타트 업에 투자한다. 음성인식 기술은 단기간에 AI가 크게 성장할 수 있는 분야로 주목받는다. 지금까지 우리는 컴퓨터와 소통하기 위해 텍스트 입력, 즉 자판을 두드려야 했다. 인간에게는 자판 입력보다 말을 통한 소통이 훨씬 편하다. 음성인식이 가능해지면 제일 먼저 검색창이 사라지게 된다. 게다가 네이버, 카카오를 중심으로 국내 업체 AI의 번역 기술은 세계 최상위 수준이다. 높임말을 반영한 번역까지 가능하다.°

왜 하필 대체가 가장 쉬운 분야의 공부에만 매진하는가? 어떤 공부를 왜 해야 하는지 고민을 생략한 결과다. 학창 시절에는 무엇을 공부해야 할지 미리 정해져 있었다. 커리큘럼에 따라 성실하게 따라가기만 하면 됐다.

아쉽게도 어른의 세계에서는 이런 쉬운 공부가 통하지 않는다. 무엇을 하면 될지 쉽게 보이기 때문에 외국어와 자격증을 선택했다면 이제는 좀 더 깊이 고민할 때다. 이제는 눈에 보이지 않는 스킬, 노하우를 공부해야 할 때다. 말하기, 글쓰기, 토론하기, 설득하기 등 교재로 쉽게 공부할 수 없는 영역이 진짜 공부다.

우리는 지금까지 샐러던트를 열심히 노력하는 직장인이라고 칭송해왔다. 하지만 샐러던트는 학원비를 내고 외국어, 자격증 분야를 등록해 자신을 위로하는 공부만 해왔다. 그러나 술값을

• 〈알파고 이후 3년 'AI 번역' 새 주인공…. AI 닥터 시대 성큼〉 전자신문. 2019. 05. 09.

학원비로 바꿨을 뿐, 일의 고수가 되겠다는 본래 목적과는 멀어지고 말았다.

쉽게 시작할 수 있는 공부는 AI와 플랫폼에 대체될 분야다. 이제는 새해 목표로 자격증 취득, 토익 점수 높이기, 외국어 회화를 적지 말자. 조금만 고민하면 당신을 업무 고수로 만들어줄 공부가 무엇인지 깨닫는다. 업의 고수가 되는 공부, 진짜 성과를 낼 수 있는 공부에 관심을 가져야 할 때다.

함께하는 공부가
경쟁력이 된다

우리나라에서는 혼자 집중하는 공부를 으뜸으로 친다. 미시간대학교 리처드 니스벳(Richard Nisbett) 교수에 따르면 동양에서는 개인보다 공동체를 중시하는 문화가 존재한다. 공동체를 중시하는 동양에서 바람직한 인간상은 타인과 조화를 이루는 사람이다. 자기 생각이나 견해를 드러내기보다는 공동체에서 정해놓은 지적인 깨달음을 온전히 받아들이는 공부가 가치 있다고 여긴다. 유교 문화권에서는 지식이 세상 밖에 존재하는 것이므로 세상의 지식을 최대한 많이 받아들이는 공부를 칭송했다. 이런 환경으로 인해 질문하기보다는 열심히 암기하는 공부 태도가 만들어지게 되었다.

서양 사회에서는 개인을 중시한다. 개인의 행복이 우선이라고 생각하기 때문에 자기 견해를 밝히고 주장한다. 스스로 똑똑한 사람이라는 점을 밝혀 만족감을 얻으려 한다. 서양인들은 토론을 통해 누구의 생각이 옳은지 검증하는 공부 성향을 갖게 되었다. 자기 생각이 옳다는 사실을 밝히기 위해 치열하게 토론하는 행위는 개인의 존재감을 드러내기 위한 과정이다.

산업사회 초기에는 동양의 공부법이 강점으로 작용했다. 우리나라를 중심으로 일본, 중국, 대만과 같은 나라는 뛰어난 학업 성취를 보여주었다. 그러나 산업화가 마무리되고 지식정보화 사회에 들어서면서 주입식 공부는 한계를 드러내기 시작했다. 창의와 혁신이 경쟁의 핵심 가치가 된 시대에 암기식 공부는 힘을 발휘하기 힘들었다. 혁신을 끌어내려면 생각을 밖으로 꺼내 소통하고 타인의 피드백을 곁들여 아이디어를 발전시키는 과정이 필요하다.

소통하고 협력하며
공부하는 시대가 왔다

이제는 혼자 앉아서 가만히 솔루션을 고민하는 사고법으로는 답을 찾기 어렵다. 새로운 사람을 만나 새로운 경험과 깨달음을 얻는 사고법으로 전환해야 한다. 공부도 지금까지 혼자서 집중하는 공부에서 사람들과 협력하고 소통하며 생각의 크기를 키워가는 공부로 방법이 바뀌어야 한다.

옥스포드나 MIT 등 세계 최고의 혁신가를 길러내는 대학에서는 함께하는 공부를 실천하고 있다. 옥스포드대학교는 1:1 튜터링 중심의 수업 전통을 가지고 있다. 우리나라의 과외와 비슷한 모습을 생각하면 된다. 튜터링 수업에서는 교수가 1~2명의 학생을 대상으로 집중 개별 지도를 한다. 개인 교습을 담당해야 하므로 교수 1명이 담당할 수 있는 학생 수는 10명 정도이다. 따라서 옥스포드는 다른 대학에 비해 교수의 수가 많고 여기에 상당한 투자를 하고 있다.

튜터링 수업은 대화와 토론으로 진행되므로 학생은 교수가 질문할 만한 사항에 대해 사전 조사를 하고 여러 가지 측면으로 생각하고 학교에 가야 한다. 그러지 않으면 공격당해 망신만 당하다가 수업이 끝난다. 옥스포드가 이런 교수법을 사용하는 것은 과거 그리스의 소크라테스식 문답법을 계승한 것이다.

미국 MIT대학교에는 세계적인 융합 연구소 MIT미디어랩이 있다. 터치스크린, GPS, 전자책 등 우리 생활에 혁신을 가져다 준 다양한 발명품이 이들의 작품이다. MIT미디어랩의 설립 취지는 과학과 미디어, 예술의 융합을 통해 창의력을 발휘하자는 것이었다. 이런 MIT미디어랩에서도 교수와 학생 사이의 상호작용이 많고 토론을 통해 아이디어를 수정, 발전시킨다. MIT미디어랩의 수업은 대부분 프로젝트 중심이며 우리가 생각하는 일방적 지식 전달 수업이 거의 없다.

이렇게 세계적인 대학들이 상호작용하는 공부를 최고로 치는 것은 우리 앞의 문제가 변화되었기 때문이다. 세미나에서 만난 어느 조직개발 전문가는 세상에는 두 가지 형태의 문제가 존재한다고 이야기했다. 먼저 세상에 이미 답이 존재하는데 내가 아직 모르는 문제인 '클로즈드 프라플럼(Closed Problem)'이 있다. 반면 아직 정해진 답이 없고 누구도 답을 내린 적이 없어 스스로 답을 만들어가야 하는 '오픈 프라블럼(Open Problem)'이 있다. 일터에서 우리가 만나는 문제의 대부분은 오픈 프라블럼이다. 혼자 몰입하는 공부는 오픈 프라블럼을 해결해야 하는 시대에 적합하지 않다.

그때그때
적절한 리듬이 있다

그렇다고 협력과 소통의 공부법이 혼자 집중하는 공부보다 언제나 유리하기만 한 것은 아니다. 때에 따라 여러 사람이 함께 상호작용하는 공부와 혼자서 집중하는 공부가 모두 필요하다. 상황에 따라 적절한 방법을 구사하도록 애써야 한다. 어느 한쪽이 정답이라고 말할 수는 없다.

화이트보드와 포스트잇을 활용해 토의하기를 좋아하고 그렇게 단기간에 기획서 초안을 뽑아내던 E과장. 처음 그가 일하는 방법을 보았을 때는 선진 기업의 업무처리 방식이라고 생각해 무척 동경했다. 시간이 지나면서 그의 업무 스타일을 마냥 좋아할 수만은 없었다. 일이 잔뜩 쌓여있어 당장 처리해야 할 일이 산더미 같은데 아이디어 토의를 하자며 회의실로 부르는 E과장이 원망스러웠다.

"자, 이제 큰 그림이 나왔으니 세부적인 부분은 네가 알아서 기획안을 만들어 봐."

E과장은 이렇게 말하고 화이트보드 가득 메모만을 남긴 채 회의실을 떠나곤 했다. 마치 드라마 속의 집도의 같았다. 의학 드라마를 보면 교수급에 해당하는 집도의는 수술의 핵심 단계가 완료되면 어시스턴트에게 나머지 수습을 맡기고 수술실을 나온다. 회의실을 나갈 때 E과장의 모습이 이와 비슷했다.

그가 마치 일을 다 끝낸 듯 의기양양하게 회의실을 나가면 그때부터 진짜 내 일이 시작되었다. 이후 작업은 토의 시간보다 몇 배 더 많은 시간이 소요되었다. 화이트보드의 메모를 수첩에 옮겨 적고 그걸 문서로 작성하기 시작한다. 기획안의 틀을 짜는 과정에서 기획 방향과 일치하지 않는 메모를 버리기도 하고 추가 아이디어를 덧붙이기도 한다. 어느 때는 토의한 내용이 기획안의 방향과 맞지 않아 포스트잇 메모를 전부 버리기도 했다. E과장과의 토론 시간은 도움이 되기도 했지만 때로는 부분적으로만 도움이 되거나 전혀 도움이 되지 않기도 했다.

토의 내용을 바로잡고 솔루션을 날카롭게 다듬는 게 기획안 작성의 가장 핵심에 해당한다. 이 단계는 혼자서 집중할 수밖에 없다. 솔루션을 구체화할 때는 오히려 다른 사람과의 협력과 소통이 방해되기도 한다. 혼자서 집중력을 가지고 밀고 나가야 제대로 된 기획이 나온다. 아이디어를 펼쳐놓고 발전시켜 갈 때는 여러 사람이 함께 머리를 맞대야 좋은 아이디어가 나올 수 있다. 반면에 아이디어를 정리하고 다듬을 때는 최적의 솔루션을 선택하기 위해 혼자 일하는 편이 낫다.

협업에는 '집단사고의 함정'이 도사리고 있다. 집단으로 토의하고 합의점을 끌어내면 뻔한 아이디어가 채택된다. 개인적으로는 모두가 파격적인 아이디어가 좋다고 생각하면서도 토의 시간에는 다른 사람의 선택에 동조하는 경향이 나타나기 때문이다. 일단 집단사고가 작동하면 잘못된 길인 줄 모두가 알고 있는데 그 길을 가게 된다. '뛰어난 사람들이 모였는데 왜 저 정도의 결정밖에 못 했을까?' 의아하게 생각되는 대부분의 의사결정 과정에는 집단사고의 함정이 작용한다.

공부든 일이든 함께할 때와 혼자 집중해야 할 때를 적절히 선택하는 편이 좋다. 새로운 아이디어를 도출하고 발전시켜 나가는 단계에서는 구성원이 활발히 교류하고 협력하는 편이 좋다. 하지만 문제해결 단계에서는 오히려 해가 될 수 있다. 경영학자 에단 번스타인(Ethan Bernstein) 연구팀은 매우 복잡한 문제를 주고 소통과 협업의 일 처리, 혼자서 몰입하는 일 처리 두 가지의 방법 중에 어떤 것이 효과적인지 실험해보았다. 연구 결과 사람들은 협업과 몰입이 각각 적절히 이루어지는 때, 문제를 가장 잘 풀었다.

혼자서 몰입하는 공부가 좋을까, 소통하고 협력하는 공부가 좋을까? 공부의 목적에 따라 다르다. 단순히 시험에서 높은 점수를 얻기 위해서라면 몰입의 공부가 단기간에 성과를 가져다줄 수 있다. 반면 일터의 오픈 프라블럼 상황에서 솔루션을 만들어야 하는 상황이라면 타인과 소통하고 협력하는 과정이 꼭 필요하다.

특히 성장이 벽에 부딪혔다고 느껴질 때는 혼자 극복하기 어렵다. 이럴 때는 문제에 대해 함께 상의할 고수를 찾아보자. 적절한 롤 모델을 만나면 긍정적인 자극을 받아 다시 새로운 성장을 도모할 수 있다. 안타깝게도 우리 사회에서는 공부도 일도 혼자서 하는 경향이 강하다. 다른 사람의 방향 제시나 코칭으로 쉽게 나아질 수 있는데도 홀로 끙끙대며 모든 문제를 떠안으려 한다.

고수는 사내에서 찾을 수도 있고 회사 밖에서 찾을 수도 있다. 인터넷이나 SNS를 찾아보면 수많은 직무 커뮤니티가 만들어져 있음을 알 수 있다. 커뮤니티에서 활동하며 사외의 고수를 만나보면 새로운 성장의 기쁨을 얻을 수 있다. 과연 사람들이 전혀 모르는 사람인 나를 도와줄까 망설일 필요도 없다. 세상에는 누군가를 돕고 성장시키는 활동 자체를 즐기고 대가 없이 배움을 나누려는 사람이 의외로 많다.

나는 생산적이고 효율적인 만남을 원한다면 공동의 활동이

나 프로젝트를 하면서 네트워크를 만드는 방법이 바람직하다고 믿는다. 일부러 인맥을 쌓기 위해 사람을 만나면 그 관계는 오래 지속되기 힘들다. 사람은 자신과 비슷한 사람과의 만남을 편하게 여긴다. 무의식적으로 비슷한 유형의 사람들끼리 모이기 쉽다. 비슷비슷한 사람들끼리 모이면 새로운 아이디어가 나오기 어렵고 모임에 쉽게 흥미를 잃게 된다. 따라서 인맥을 만들기 위한 모임보다는 활동 자체를 목적으로 한 모임이나 특정한 목표가 있는 프로젝트에 참여하는 편이 낫다. 회사 내에서, 또는 밖에서 프로젝트에 참여할 기회가 있다면 적극적으로 지원해서 경험해보자.

우리 안의
공부 본능

다른 사람과 함께 공부하면 진짜 성과가 높아질까? 고개를 갸우뚱하는 사람이 많을 듯하다. 각 학교는 협력을 기반으로 한 학습 방법을 여러 번 시도했지만, 눈에 띄는 성공을 거두지 못했다.

협력 학습이 실패한 대표적인 예로 대학의 팀 과제 수행을 들 수 있다. 인터넷에는 팀 과제의 단점을 토로하는 수많은 글이 떠돈다. 대학생 1000여 명을 대상으로 한 '대학생활 최고의 꼴불견' 설문조사 결과, 팀 과제 무임승차자가 1위로 뽑히기도 했다.

협력 기반 학습을 할 때는 무임승차자 발생이 가장 큰 골칫거리다. 모두가 똑같이 책임을 나누어 맡아야 하지만 실제로는 한두 사람이 과제 대부분을 떠안는다. 아무런 노력을 하지 않고도 같은 팀이라는 이유만으로 동일한 점수를 받는 사람이 생긴다. 무임승차자를 없애기 위해 과제를 물리적으로 똑같이 나누면 또 새로운 문제가 발생한다. 각자의 생각과 관점이 다른데 단순히 부분을 이어붙이면 과제의 통일성과 일관성을 헤치게 된다.

이처럼 협동이 필요한 공부를 하면서 부정적인 경험을 몇 차례 겪고 나면 자연히 혼자 공부하는 게 훨씬 편하다고 생각하게 된다. 이것은 함께 공부하는 방법을 교육 과정에 억지로 끼워 넣었기 때문에 생긴 현상이다. 학교 공부는 시험과 성적이라는 틀 안에 갇혀 있다. 협력을 통해 더 나은 배움을 얻기보다는 내가 높은 점수를 받는 게 우선이다.

사전에 미리 정해 놓은 지식을 더 많이 입력하는 경쟁이라면 당연히 혼자 공부하는 게 효율적이다. 여러 사람이 함께 토의하고 해결 방안을 찾으면 더 풍부한 지식을 배울 수 있고 정보를 연결하는 방법도 깨달을 수 있다. 하지만 단기간에 시험에서 높은 점수를 얻으려면 기존에 출제된 것과 비슷한 유형의 문제를 반복해서 푸는 방법이 낫다. 이런 식의 공부에는 타인과의 공유와 소통이 끼어들 자리가 없다.

인류는 함께 배우며
살아남았다

사회생활이나 직장생활은 단기간에 공부해서 시험을 보는 시스템으로 움직이지 않는다. 학교와는 완전히 다른 틀이 생기고, 생소한 시스템 안에서 움직여야 한다. 사회에서는 지식을 가졌느냐와 지식의 양은 그다지 중요하지 않다. 단순히 아는 것에 그쳐서는 안 되고 그 지식을 활용해 문제를 해결하는 개념 설계 역량이 중요하다. 이런 역량은 장기간 시행착오를 반복하면서 얻어진다.

개인이 평생 할 수 있는 경험의 양은 한정적이다. 당신이 세상에서 유일한 건축가라고 가정해보자. 가장 아름답고 튼튼한 건물을 짓는 꿈을 위해 여러 가지 재료, 여러 가지 형태로 집을 지어 본다. 그렇게 세상을 떠날 때까지 몇 개의 건축물을 남길 수 있겠는가. 아마 열 손가락을 넘지 못할 정도로 적지 않을까?

모방을 통해 선대에서 축적한 문화를 단기간에 전수받을 수 없었다면 인류는 지금처럼 발전할 수 없었을 것이다. 심지어 멸종했을지도 모른다. 다행히 우리에는 앞선 세대가 보유한 지식을 짧은 시간 안에 배우는 능력이 있다. 여기에 새롭게 습득한 지식과 문화를 쌓아올려 인류는 놀라운 속도로 발전을 이룰 수 있었다.

우리에게는 조상들이 축적한 삶의 지혜를 빠르게 배우는 스킬이 있다. 따라 하기 방법이 바로 그것이다. 따라 하기는 유용한 지식인지 의도를 가지고 선별하지 않기 때문에 배우는 속도가 빠르다. 우리 뇌에 미리 설계된 대로 반사적, 자동적으로 따라 할 뿐이다.

무의식적인 따라 하기는 언어보다 강한 힘을 갖는다. 원시 인류가 숲으로 사냥을 나간 때를 생각해보자. 앞서가던 친구가 갑자기 도망치면 영문도 모르면서 같이 뛰게 된다. 비록 보지는 못했지만 사자가 나타났을지도 모르는 일이다. 이럴 때는 일단 뛰고 나서 한참 후에야 어찌된 영문인지 생각해본다. 이성적 판단을 하지 않고 즉시 따라서 뛰었기 때문에 사자에게 잡아먹히지 않을 수 있었다.

그런데 차라리 "도망쳐!"라고 소리치는 편이 낫다고 생각하는 사람도 있을 것이다. 언어는 의식적인 해석 과정을 거친다. 도망치라는 말을 들으면 순간 자신도 모르게 "왜?", "뭐야?"라고 반문하게 된다. 찰나의 순간이지만 되묻는 시간은 사자가 우리를 덮치기에 충분한 시간이다.

따라 하기가 생존에 중요한 이유는 그뿐이 아니다. 따라 하기, 즉 모방은 무리의 마음을 하나로 묶어주는 역할을 한다. 우리는 본능적으로 서로 비슷한 사람에게 끌린다. 소개팅에서는 공통점이 많은 사람과 더 빨리 친해진다. 좋아하는 음악만 비슷해도 커플이 될 가능성이 크게 높아진다는 연구 결과도 있다.

비슷하게 행동하며 동질감을 느꼈기 때문에 커다란 사회 단

위도 만들어낼 수 있었다. 무리가 있었기에 혼자서는 하지 못할 대규모 토목공사가 가능했다. 따라 하기 본능이 없었다면 피라미드도, 만리장성도, 베르사유 궁전도 만들지 못했을 것이다.

뇌 속의 보물 상자,
거울 뉴런

우리가 모방을 통해 배울 수 있는 것은 우리 머릿속에 거울 뉴런(Mirror Neuron)이 있기 때문이다. 거울 뉴런은 1990년대 초 이탈리아의 리촐라티(Giacomo Rizzolatti) 교수팀이 발견했다. 연구진은 원숭이의 뇌에 전극을 연결하고 다양한 행동을 시켜보았다. 그 결과 원숭이가 직접 행동할 때뿐만 아니라 사람이 비슷한 행동을 하는 모습을 볼 때에도 동일한 뇌신경이 작동한다는 사실을 알게 되었다. 연구팀은 타인의 감정과 행동을 거울처럼 따라 하게 만든다고 해서 거울 뉴런이라는 이름을 붙였다.

거울 뉴런 덕분에 우리는 상대방의 행동을 보고 마치 직접 행동하는 것처럼 느낀다. 컴퓨터가 가상현실 시뮬레이션을 통해 실제 세상을 그대로 담아내듯이 우리 뇌는 상대방의 머릿속에서 일어나는 일을 그대로 시뮬레이션 한다. 더욱 놀라운 점은 가상의 시뮬레이션만으로도 직접 할 때처럼 배우고 성장한다는 사실이다.

몸의 근육을 만들기 위해서는 트레이너의 동작을 보기만 해서는 안 된다. 실제 근육을 움직여야만 근섬유가 늘어나면서 운동 효과가 나타난다. 하지만 뇌는 실제로 운동을 하지 않고 다른 사람의 모습을 보기만 해도 생각의 근육을 늘릴 수 있다.

일터에서는 어떻게 거울 뉴런을 적용할 수 있을까? 어울려 일하는 순간순간이 모두 배움의 과정이다. 선배가 일하는 모습을 자세히 지켜보고 거울 뉴런을 사용하여 빠르게 복사해내면 된다. 그래서 선배는 일이 어떻게 이루어지는지 말보다 행동으로 직접 보여주는 편이 빠르다.

나는 사회생활에 필요한 문제해결 역량은 모두 회사에서 배웠다고 생각한다. 학교에서 배운 기초지식이 밑바탕이 되었을지는 모른다. 하지만 직접적인 도움은 거의 되지 않았다. 사회생활에 필요한 지식과 기술은 회사에 들어와서 완전히 새로 배워야만 했다.

누구도 나에게 직접 가르쳐준 사람은 없었다. 회사에는 이메일을 어떻게 써야 한다고 가르쳐주는 사람이 없다. 그런데도 시간이 지나면 저절로 적당히 상대를 재촉하면서도 무례하지 않은 이메일 표현을 배우게 된다. 다른 회사와 거래할 때는 어떤 점들을 주의하라고 가르쳐주는 사람이 없다. 하지만 일을 하면서 계약서를 다루다 보면 뻔하디 뻔한 문구로 보이는 계약서의 한 줄이 얼마나 중요한지 곧 깨닫게 된다.

교육 담당자인 나에게 교육 과정별 세부 프로그램을 어떻게 만들지 일일이 가르쳐준 사람은 없었다. 다만 내 주변에 그런 일을 하고 있는 선배들이 있었을 뿐이다. 그들을 보고, 따라 하고, 질문했다. 직접 가르쳐주는 사람은 없어도 함께 일하는 동안 회사원은 조금씩 성장한다.

이제 막 회사생활을 시작한 사람이라면 분명 답답할 것이다. 이렇게 답답한 마음은 직장생활에 필요한 모든 것을 알려준다는 책이 인기를 끄는 배경이 된다. 어떤 내용이 담겼을까 궁금해서 사본 적이 있다. 하지만 채 몇 페이지를 읽다 '피식~' 웃고 덮어버렸다. 책이든 교육이든 상황별로 필요한 여러 가지 규범을 짧은 시간에 모두 알려줄 수는 없다. 게다가 회사별로 서로 다른 부분도 많다.

조직에는 배워야 할 어마어마한 지식과 정보가 있다. 신입사원 교육과정에서 이걸 다 가르치기는 불가능하다. 단기간에 알려준다고 듣는 사람이 모두 이해할 수도 없다. 일터에서 선배가 일하는 모습을 곁에서 지켜보는 편이 빠르다. 사회에서의 배움은 '백문이 불여일견'이라는 말이 딱 들어맞는다.

교육과정이나 책으로 배우기에는 내용이 방대하고, 상황에 따라 다른 미묘한 차이를 전달하기 어렵다. 좋은 보고서를 쓰는 방법은 그때그때 다르다. 똑같은 내용이라도 글씨체, 어투, 심지어 인쇄 방법에 따라 칭찬을 듣기도, 혼이 나기도 한다. 예를 들면, 임원들은 대부분 노안이라 큰 글씨를 좋아한다. 그렇다고 누구나 다 큰 글씨로 쓴 보고서를 좋아하지는 않는다. 글자가 작더라도 한눈에 알아보기 쉽게 한 페이지에 전체 내용을 담기 원하는 임원도 있다. 또 부정적인 내용이나 단점은 작은 글씨로 구석에 감추어 써야 한다. 그렇다고 아예 빼버리면 중요한 사실을 일부러 누락했다는 오해를 사게 된다. 때에 따라 다르고 사람에 따라 다르니 신입사원이 보고서를 작성하고 상사에게 보고하는 과정을 어려워할 수밖에 없다.

형식적인 교육 프로그램으로는 몇 달을 가르친다 해도 어떤 상황이든 능숙하게 헤쳐나가는 슈퍼 신입사원 만들기는 불가능하다. 하지만 거울 뉴런을 활용하는 '모델링'은 곁에 있는 사람을 관찰하고 따라 하며 단기간에 풍부한 지식을 습득하도록 돕는다. 실수를 하고 잘못을 저지르겠지만 시간이 지나면 자연스럽게 해결 방법을 습득하게 된다. 당신 곁에 열심히 일하는 사람들만 있다면….

성장의
동기부여

2014년 브라질 월드컵 결승전에서는 독일과 아르헨티나가 맞붙었다. 아르헨티나에는 리오넬 메시(Lionel Messi)라는 독보적인 선수가 있었다. 메시는 소속 팀 바르셀로나를 20회 이상 우승으로 이끌어 현대 축구의 일인자로 불렸다. 수비수 4~5명 정도는 쉽게 제쳐버리는 메시의 개인기에 축구 전문가들도 혀를 내두를 수밖에 없었다. 축구 분석가들은 아르헨티나의 우승 가능성이 크다고 점쳤다.

결승전은 역시나 팽팽한 승부였다. 전후반이 모두 끝나갈 때까지 양 팀은 0대 0의 치열한 접전을 이어갔다. 그런데 경기가 끝나기 직전, 고뇌하던 독일의 뢰브(Joachim Low) 감독은 모두가 깜짝 놀랄 만한 결정을 내린다. 그때까지 문제없이 잘 뛰던 팀의 에이스 미로슬라프 클로제를 빼낸 것이다. 더욱 놀라운 사실은 대체 투입 선수가 마리오 괴체(Mario Gotze)라는 풋내기 신인이었다는 점이다.

괴체는 조별 리그에서 한 경기만 뛴 상태로 월드컵 같은 큰 무대 경험이 없었다. 하지만 뢰브 감독은 능력 있는 신인이 경기의 판도를 바꿀 카드가 되리라 판단했다. 긴장된 표정으로 운동장에 들어서는 괴체에게 뢰브 감독이 결정적인 한 마디를 건넸다.

"세상 사람들에게 네가 메시보다 뛰어나다는 것을 증명해 다오."

결국 이 한 마디가 그의 잠재력을 폭발시킨다. 연장 후반 8분, 괴체는 결승 골을 터트렸다. 이 골로 독일은 아르헨티나에 1:0으로 승리하였다.

강점을 지지하는
동료

스탠퍼드대학교의 캐롤 드웩(Carol Dweck) 박사는 동기부여의 비밀을 연구했다. 드웩 박사에 따르면 사람들은 끊임없이 주변을 둘러보며 '이 상황에서 나는 누구이며, 어떤 존재 가치가 있지?'라고 질문하는 습성이 있다. 사람은 사회라는 커다란 틀 안에서 나의 가치와 쓸모를 한순간도 쉬지 않고 고민한다. 인간은 태어나면서부터 세상을 떠나는 마지막 순간까지 정체성을 확인하려고 하는 존재다.

끊임없는 고민의 순간 속에서 '네 존재 가치는 이거야!'라는 메시지를 들려주는 사람을 만나면 가슴속에는 '펑!' 하고 놀라운 열정의 화산 폭발이 일어난다. 일단 가슴 속에 열정의 마그마가 펄펄 끓어 넘치면 이후로는 쉽게 말릴 수 없을 정도로 몰입 상태에 빠져든다.

독일 대표팀의 뢰브 감독이 아직 존재감이 드러나지 않았던 선수를 중요한 순간에 쓴 것도 이런 이유였다. 독일과 아르헨티나는 두 팀 모두 세계 최고의 강팀으로 비슷한 방법으로 싸워서는 결판이 나지 않을 상황이었다. 뢰브 감독은 새로운 잠재력을 분출시킬 수 있다면 이 평형 상태를 깰 수 있다고 판단했다. 그리고 결정적인 한 마디로 아직 덜 다듬어진 선수의 내면 깊은 곳에 있던 능력을 끌어올렸다. 그의 한 마디는 선수의 존재 가치를 극대화했다.

주변 사람이 우리에게 미치는 영향력은 눈에 잘 띄지 않는다. 그러다 보니 지금까지 내가 이룬 것 모두가 혼자만의 힘이었다고 착각하기 쉽다. 하지만 곰곰이 생각해보면 늘 우리 곁에는 누군가가 있었다. 우리가 좋아했던 과목, 운동, 취미…. 그걸 추천한 누군가가 있지 않았나? 혹시 누군가가 그걸 좋아하는 모습을 문득 보았던 건 아닌가? 살다 보면 다른 사람이 우리 선택에 영향력을 끼치는 때가 많다.

"저, 그만두겠습니다."

H팀장은 부하에게 늘 완벽한 일 처리를 요구했다. 보고서 작성이 조금만 늦어져도 재촉하기 일쑤였고, 오타라도 있는 날에는 불호령이 떨어졌다. 나는 도저히 H팀장이 요구하는 수준으로는 일할 수 없었다. 6개월 정도 매일같이 혼이 나다 보니 다른 일을 찾아야겠다는 생각이 들었다.

주말 내내 고민을 계속하다 월요일에 사직서를 제출했다. H팀장은 "지금은 바로 대체할 사람을 구하기 힘든 상황이다. 두 달 정도만 기다리면 원하는 부서로 보내주던, 다른 회사로 가던 더는 잡지 않을 테니 기다려달라."고 했다.

이 일로 내가 얼마나 힘들었는지 팀 동료들도 모두 알게 되었다. 그때부터였다. 팀장이 호통을 치고 나면 사내 메신저로 같은 팀 R대리의 메시지가 도착했다.

"조금 속도가 늦다고 혼나기는 했지만, 보고서의 논리 구조가 매우 탄탄했어. 앞으로 그 틀을 유지한 채 조금만 더 빠르게 작성하면 팀장님 맘에 들지 않을까?"

"다른 부서와 업무 협의에서 우리 팀에 유리한 결과를 얻지 못했다고 팀장님한테 혼나긴 했지만, 상대방이 기분 나쁘지 않게 조목조목 얘기를 잘했어. 영업지원팀의 과장이 움찔하던걸?"

팀장의 피드백은 대부분 나의 단점에 관한 내용이었다. '일하는 속도가 늦다. 보고서에 오타가 많다. 기획안에 중요한 내용이 빠졌다.' 물론 나에게 필요한 지적이었고, 틀린 말은 아니었지만, 지적이 늘수록 점점 자신감이 없어졌다. 때로는 '내 월급 값도 못하고 회사에 손해를 끼치고 있는 게 아닐까' 하는 생각이 들었다. 나 말고 일을 제대로 하는 사람이 있는 편이 조직 전체에 더 도움이 되리라 생각했다.

그때마다 R대리는 나의 강점을 이야기해주려 노력했다. 한동안 시간이 흘러 그동안 메신저로 주고받은 대화를 다이어리에 정리해보기로 했다. R대리가 조언해준 내 장점은 다음과 같았다. '기획안을 작성할 때 매우 간결하면서 핵심이 담긴 글을 쓴다. 보고서를 쓸 때나 말을 할 때 논리 전개가 좋은 편이다. 집중력이 뛰어나서 업무 속도를 빠르게 늘릴 가능성이 있다.'

R대리의 조언을 종이에 나열하고 나니, 나름 논리적인 글 작성에 잠재력이 있는 편이라는 생각이 들었다. 퇴근하자마자 서점에 달려가서 기획에 관련된 책을 닥치는 대로 샀다. 단점을 고치기보다 강점을 키운다면 내게도 가망이 있어 보였다. 논리적이고 간단명료한 기획안으로 매일 혼만 내는 팀장의 코를 납작하게 만들어주겠다고 결심했다.

2개월이 지나고 팀장에게 면담을 신청했다. 팀장은 "바쁘다 보니 아직 사람을 못 구했는데, 바로 그만두려고?" 하면서 업무 공백이 생기는 문제에 대해서만 고민했다.

"아닙니다. 오히려 그 반대입니다. 지난 2개월 동안 저 나름대로 기획을 공부했습니다. 그리고 새로운 복리후생 제도에 관한 기획안을 작성해보았습니다. 오랫동안 인사 업무를 한 전문가인 팀장님께 평가를 좀 부탁드리려고요."

팀장은 의외라는 표정을 지었다. 그리고 며칠 동안 내 기획안을 꼼꼼히 검토했다. 물론 영화의 한 장면처럼 내 기획안이 인정을 받고 H팀장이 놀라 뒤로 자빠지는 일은 일어나지 않았다. 내가 제안한 복지제도는 채택되지 않았다. 다만 나에 대한 팀장의 평가가 약간 달라졌을 뿐이다. 그 일을 계기로 호된 업무 지적이 많이 줄어들었다. 나는 바로 R대리에게 감사한 마음을 표현했다.

"대리님 덕분에 팀장에게 혼나는 일이 많이 줄었어요. 진짜 너무너무 감사드려요."

"다행이다. 완벽주의자 팀장이 보기에 자기 일 처리가 마음에 쏙 들진 않을 거야. 그래도 꾸준히 노력하고 조금씩 성장하고 있는 사람에게는 모진 말을 계속하기 어려운 법이지. 이게 다 발전하려고 애쓰는 자기 노력의 결과야."

당신의 강점을 말해주는 동료는 성장에 결정적인 역할을 한다. 비록 동료의 평가가 정확히 맞지 않는다고 하더라도 이를 계기로 자신의 강점에 대해 돌아보게 된다. 자꾸 자기를 돌아보고 장점이 무엇인지 생각하다 보면 진짜 장점이 만들어지기도 한다. 가짜 약이라도 환자가 진짜라고 믿으면 병이 낫는다는 플라시보 효과처럼 '이것이 나의 강점이구나' 하고 긍정적 착각을 계속하면 정말로 능력이 발전한다.

강점을 말해주는 동료가 있어 가장 좋은 점은 더 오래, 끈기 있게 도전해볼 수 있다는 사실이다. 스탠퍼드대학교의 프리얀카 카(Priyanka Carr) 연구팀은 함께 문제를 푸는 동료가 있을 때와 없을 때, 사람들이 각각 얼마나 끈기 있게 문제에 매달리는가를 실험했다.

실험 참가자는 유럽 지도에 나라별로 색을 칠해야 했다. 인접한 국가 간에는 반드시 다른 색을 칠해야 하고, 색은 5가지 이내로 쓰는 조건이었다. 언뜻 쉬워 보이지만 수학적으로 몹시 어려운 문제에 해당한다. 문제를 푸는 것 자체보다는 얼마나 오랜 시간 동안 포기하지 않고 끈기를 가지는가가 실험의 핵심이었다. 연구진은 실험 대상을 두 그룹으로 나누었다. 한 그룹에는 다른 방에 같은 문제를 푸는 동료가 있다고 알려주고 필요하면 도움을 청할 수 있다고 했다. 다른 그룹은 오로지 혼자서 문제를 풀어야 했다.

실험 결과, 함께 문제를 푸는 동료가 있다고 전달받은 그룹은 포기하지 않고 끈기 있게 과제에 도전했다. 색칠을 더 오래 하고, 인내심이 높았다. 그러면서 과제를 수행할 때 피로를 덜 느꼈다. 반면 혼자서 해내야 하는 그룹은 포기하는 사람이 많았고 쉽게 피로를 느꼈다.

사회적
동기부여

인간은 혼자이길 꺼린다. 어떤 집단이든 소속되기를 바란다. 소속감은 엄청난 동기부여 수단이 된다. 인간에게는 함께하는 사람이 있다는 사실만으로도 어떤 일을 하는 동기가 된다. 혼자만 힘든 일에 도전하고 있다는 사실을 알게 되면 문제 풀기에 집중하기보다는 혼자라는 사실에 더 집중하게 된다. 결과적으로 쉽게 지치고 외로움을 느낀다.

우리는 무의식적으로 동경하는 그룹의 사람들과 비슷해지려 애쓴다. 행복, 외로움과 같은 감정은 물론 비만, 흡연, 약물 중독, 자살까지 어울리는 사람에게 전염된다. 또한 자신의 선택처럼 보이는 투표, 기부 행위, 패션도 다른 사람을 모방한 결과다.

10대 아이들이 나쁜 친구들을 만나 '비행 청소년'이 되는 과정은 어떨까? 비행 청소년이 되는 과정 또한 특정 집단을 동경하여 소속감을 느끼고자 하는 마음이 하나의 원인이 된다. 소위 '일진'이라고 불리는 그룹은 아이들 사이에서 꽤 주목받는다. 주목받는 그룹의 일원이 되어 이목을 끌고 싶은 심리가 아이들을 폭력과 같은 나쁜 길로 접어들게 만든다.

게리 슬럿킨(Gary Slutkin) 교수는 전염병의 확산을 연구한 학자다. 놀랍게도 폭력 또한 전염병과 비슷한 형태로 퍼진다는 사실을 발견했다. 시카고 시는 그 이론을 받아들여 슬럿킨 교수에게 폭력 예방 프로젝트를 맡겼다. 그는 백신과 같은 작용을 해 폭력이 번지는 것을 막는 단체 '큐어 바이올런스'를 설립하였다.

과연 마약 중독과 폭력 같은 나쁜 행동도 예방이 가능할까? 그들은 인터럽터(중단하는 사람)라 불리는 활동가를 시카고의 뒷골목과 교도소에 보냈다. 그 결과 실제 청소년 폭력을 줄이는 결과를 얻었다. 인터럽터는 한때는 비행 청소년으로 소년원에 들락거렸지만, 이제는 성공적인 삶을 사는 롤 모델이다. 청소년들은 그들을 보면서 '나도 저렇게 될 수 있다'고 생각하기 시작했다. 모방 바이러스가 바람직한 행동도 확산시킬 수 있다는 증거다.

우리는 끊임없이 자신의 정체성에 관한 질문을 던지고 거기에 답해야 하는 존재다. 그렇게 '내가 왜 필요한 존재인지'를 확인할 때마다 기뻐하며 다시 살아갈 힘을 얻는다. 그러나 긍정적인 대답을 얻지 못하면 금세 좌절하고 스스로를 파괴하는 생각과 행동에 빠져든다.

정체성을 확인시켜주는 것은 주변 사람, 동료의 역할이다. 학창 시절에는 선생님과 친구들이 주로 그 역할을 담당했고 사회에 나와서는 상사와 동료가 그 역할을 한다. 우리는 독립적인 존재처럼 생각하기 위해 애쓰지만 사회적 평가에서 자유롭지 않다. 벗어날 수 없다면 사회적 평가를 두려워하기보다 좋은 사람과 적극적으로 관계 맺으려 노력하는 편이 낫다. 나를 똑바로 바라봐주고, 강점을 발견해주고, 따듯한 언어를 건네는 사람을 곁에 두어야 한다.

나의 정체성을 규정하는 것 중 하나가 바로 소속감이다. 특정 그룹에 소속되어 있다는 것은 집단의 구성원과 나를 비슷한 클래스로 구분 짓는다. 청소년기에 아이들이 폭력과 흡연에 빠져들게 되는 것도 특정한 집단에 소속되고자 하는 열망에서 비롯된다. 특별한 그룹에 들어가면 마치 나 자신도 특별하다고 느낀다.

난 지금 어떤 그룹에 소속되어 있을까? 같은 조직 내에서도 특별히 자주 밥 먹고, 특별히 더 친하다고 생각하는 사람이 있을 것이다. 어떤 회사에 다니고, 어떤 일을 하고, 어떤 사람과 함께하는지가 정체성에 영향을 미친다. 물론 상당 부분은 내 의지로 결정한 것이 아닌, 상황에 따라 자연스럽게 만들어진 관계다. 그렇다 하더라도 적어도 내가 선택할 수 있는 범위, 즉 누구와 함께 더 많은 시간을 보낼지는 스스로 결정할 수 있어야 한다.

고수로 성장하는
방법

"서툰 예술가는 베끼고, 위대한 예술가는 훔친다."

한 선배가 기획서 쓰는 법을 알려주면서 한 말이다. 이 말은 피카소의 명언으로, 선배 예술가의 아이디어를 발전시켜 위대한 예술을 만들어낸다는 의미를 담고 있다. 선배는 "그러니까 잘 쓴 선배의 문서를 참고해라"라는 말을 덧붙였다. 베끼기는 가장 쉬우면서도 탁월한 기획서 작성 훈련이다. 많은 사람들이 글쓰기 실력을 키우기 위해 롤 모델의 글을 베껴 쓰는 연습을 한다. 이것을 흔히 '필사'라고 한다.

벤저민 프랭클린은 성공에 다가가는 방법을 고민하다 '글쓰기 실력'이 중요함을 깨달았다. 그리고 글쓰기 실력을 늘리기 위해 당시 유명한 〈스펙터〉라는 잡지 글을 모델로 쓰기 연습을 했다. 잡지 논설의 일부분을 지우고 이를 복원해내는 연습을 함으로써 탁월한 글쓰기 역량을 갖게 되었다. 지금은 많은 사람들이 벤저민 프랭클린의 자서전을 따라 쓰면서 글쓰기 연습을 하고 그의 자세를 모방하고 있다.

한 사람이 선배의 좋은 점을 따라 하며 배운다. 이번에는 또 다른 후배가 그의 장점을 따라 배운다. 이 과정이 반복되면 조직이 성장한다. 많은 조직이 성장하면 사회 전체의 역량이 높아진다. 그럼, 모방을 활용하여 고수의 노하우까지 카피해내는 방법을 살펴보자.

판을 읽는
능력의 비밀

앞에서 고수는 판 전체를 보는 통찰력을 가졌다고 했다. 전체 그림을 보고 일하면 일이 어떻게 흘러갈지 예측할 수 있다. 일의 흐름을 알게 되면 발생할 문제를 미리 예상하고 준비할 수 있다. 고수는 어떤 문제가 생기더라도 미리 준비된 해결책을 바로 꺼내서 보여준다.

이제 그런 고수의 일 처리 비법을 공개해야 할 때다. 고수의 업무 능력 비밀은 바로 심성모형(心性模型)에 있다. 사람들은 일이 돌아가는 원리를 각자 조금씩 다르게 이해한다. 각자가 가진 일이 돌아가는 원리에 대한 생각을 심성모형이라고 한다.

우리가 일하는 과정을 낯선 곳에서 길을 찾는 과정에 비유해보자. 정확한 지형은 누구도 모른다. 인간은 새처럼 높은 곳에서 지형을 바라볼 수 없다. 반복해서 산에 오르고 들판을 헤매는 경험이 반복되면 대강의 지형을 짐작할 수 있게 된다. 그렇게 그 지역의 지형을 간파한 사람은 남보다 빨리 목적지까지 갈 수 있다.

이렇게 어떤 일을 할 때 나만 가진 생각의 길이 심성모형이라고 생각하면 된다. 고수가 되면 그때 비로소 새가 하늘을 날며 내려다보는 것과 같은 시각을 갖게 된다. 고수는 오랫동안 한 분야에 몸담고 연구와 훈련을 거듭한다. 부분 부분을 연구하다 보면 어느 순간 자신이 속한 세계가 전체적으로 연관되어 있음을 깨닫게 된다. 다채로운 정보가 내면에서 통합되는 순간 전체를 보는 눈을 얻게 된다.

고수는 두뇌에 여러 개의 기억망이라는 길을 갖고 있다. 복잡한 길을 자주 다녔기 때문에 정보 사이에 연결된 길을 쉽게 찾아낸다. 고도로 복잡한 문제와 마주치면 자동적으로 수백 갈래의 길을 떠올리면서 어떤 길이 해답인지 찾기 시작한다. 온갖 종류의 신경회로가 이곳저곳에서 발현되면서 연결을 시도한다. 그러다 최적의 해답을 찾게 된다.

물론 초보에게도 미숙한 형태이지만 심성모형이 있다. 초보 단계에서는 심성모형이 상당히 허술하게 작동하고 훈련이 계속될수록 점점 정교해진다. 심성모형이 정교해질수록 그 일을 하는 데 드는 노력과 에너지 소모가 줄어든다. 고수 수준이 되면 심성모형을 이루는 각 단계 하나하나를 생각하지 않고 전체를 하나의 큰 생각 덩어리로 다루게 된다. 따라서 심성모형의 활용이 매우 자연스럽고 속도도 빠르며, 실수 없이 완벽해진다.

처음 운전 배울 때를 떠올려보자. 처음에는 행동 하나하나에 주의를 기울여야 한다. 가속 페달을 밟을 때, 깜빡이를 켤 때도 조심조심 신경을 써야 한다. 운전 한 번 하고 나면 녹초가 되기 일쑤다. 그러다가 운전이 숙달될수록 음악도 듣고 옆 사람과 이야기도 하게 된다. 결국에는 운전을 하면서도 아무런 의식적인 생각을 하지 않게 된다. 운전도 하나의 심성모형이다.

심성모형은
가르치기 어렵다

고수의 머릿속 지도는 실제 지도와 달리 보여줄 수가 없다. 심성모형이 빠르게 작동하면 일종의 직관처럼 느껴진다. 위대한 성취를 이룬 사람들의 이야기를 들어보면 공통적으로 이런 대답을 한다.

"직관적으로 해답을 찾았다."

"하늘의 계시를 받은 것처럼 해답이 떠올랐다."

"꿈에 해결 방법이 보였다."

모두 심성모형의 특징을 보여준다. 심성모형이 하나의 체계가 되어 작동하면 본인이라 하더라도 중간 단계를 느낄 수 없기 때문에 마치 신비한 힘처럼 느껴지는 것이다. 고수가 아무리 후배에게 자신이 일하는 노하우를 전달하려고 애써도 말로는 표현하기 어려운 이유다.

오래전 TV 예능 프로그램에서 음악가 장한나를 보았다. 그녀는 첼리스트로 명성을 얻고 지휘로 자신의 영역을 넓혀가는 중이었다. 사회자인 강호동이 어떻게 수십 가지 악기를 동시에 통제할 수 있는지 지휘자란 참으로 놀라운 사람이라고 추켜세웠다. 그러자 장한나가 악보를 분석하고 악기별로 역할을 배분하는 과정을 묘사해 주었다. 그런데 이 장면에서 폭소가 터졌다.

"첼로가 짜장짜장짜장 짠~ 하고 나갑니다. 그러면 여기서 클라이넷이 삐릿삐리릿~ 깔아주고요. 그때 바이올린 합주가 들어가죠. 다그닥 다그닥 닥닥~."

나뿐만 아니라 시청자들 모두가 폭소를 터뜨렸다. 여기서 터진 웃음은 낯설고 이해할 수 없어서 나온 웃음이었다. 사람들은 일반적인 생각의 틀에서 완전히 벗어난 장한나의 말과 행동에 웃음을 그치지 못했다. 장한나에겐 당연하고 익숙한 지휘자의 생각법이 우리에겐 너무도 낯설었다. 그러다 보니 마치 다른 세계의 이야기를 하는 것처럼 들렸다. 이것이 심성모형이다.

고수가 될수록 머릿속 회로가 치밀해지고 심성모형이 복잡해진다. 본래 심성모형을 만들었던 각각의 중간 단계는 점점 희미해져 기억 속에 사라지게 된다. 높은 수준의 고수일수록 보통 사람은 그의 생각을 이해할 수 없다. 고수와 우리와의 이 간극이 고수를 마치 초인처럼 보이게 만든다.

고수가
되는 길

다행히도 우리에게는 마법과 같은 힘을 지닌 거울 뉴런이라는 장치가 있다. 거울 뉴런은 단순히 따라 하게 만들 뿐 아니라 상대방의 생각과 마음을 그대로 짐작하게 한다. 거울 뉴런은 말로는 전달이 되지 않는 상대의 마음을 미루어 공감할 수 있게 해준다.

공감하려고 애쓰다 보면 고수의 여러 가지 면면이 조금씩 눈에 들어오기 시작한다. '그는 여기서 무슨 생각을 했을까?', '일이 잘 안 될 때는 어떻게 했을까?', '새로운 방법은 어떻게 찾았을까?' 고수의 곁을 지키며 일 처리를 꼼꼼히 관찰하다 보면 슬쩍슬쩍 비치는 마음의 지도를 엿볼 수 있다.

나는 초등학교 시절, 〈쿵후 보이 친미〉라는 만화에 푹 빠졌었다. 소년 무도인 친미가 무술 고수들과 겨루며 성장하는 이야기였다. 친미는 고수를 만나 비법 기술을 익히고 또 다른 고수를 찾아가며 점점 고수가 되어간다. 만화의 매력 포인트 중에는 친미라는 캐릭터의 역할이 컸다. 친미는 쿵푸 실력과 함께 심성이 함께 커가는 캐릭터다. 다른 만화에 악당이 많이 등장하는 반면, 이 만화에는 좋은 스승, 훌륭한 동료가 많이 등장한다. 친미는 그런 주변인과의 정서적 연대를 통해 강인한 심성을 키워나간다.

이 만화의 에피소드에는 일정한 패턴이 있다. 친미는 새로운 쿵푸 기술을 배우기 위해 스승으로 삼을 사람을 찾아가는데 어떤 고수도 쉽게 기술을 가르쳐주지 않는다. 그래도 주인공은 손사래를 치는 고수의 곁에 억지로 머문다. 그러다 보면 고수가 위험에 처한 사람을 돕기 위해 필살기를 쓸 수밖에 없는 상황이 온다. 친미가 고수의 필살기를 관찰할 수 있는 유일한 순간이다.

한 번 본다고 심성모형으로 체화된 스승의 쿵푸 기술을 터득할 리 없다. 친미는 스승의 기술을 따라 해보지만 번번이 실패한다. 사실 결정적인 장면은 여기다. 친미는 아무리 노력해도 스승의 기술을 재현할 수 없다. 그러다 우연히 스승의 숨겨진 과거를 듣게 된다. 젊은 시절 자만심에 빠져 마구 싸움을 걸다 죄 없는 사람을 다치게 하고 기술을 스스로 봉인했다는 이야기다. 여기서 친미는 기술을 떠받치고 있는 무도인의 마음가짐을 깨닫는다. 그렇게 필살기의 기술적인 부분뿐 아니라 거기에 담긴 마음가짐까지 배우고 나서야 스승에게 한 발짝 가까워지게 되었다.

　고수의 심성모형을 배우는 과정은 퍼즐 맞추기와 비슷하다. 고수가 퍼즐을 흘리면 그 조각을 줍는다. 퍼즐 조각을 하나씩 맞출 때마다 조금씩 그림이 완성되어 간다. 어느 정도 퍼즐이 모여야 어떤 그림인지 알 수 있다. 고수의 심성모형을 배우려면 많은 시간과 노력이 필요하다.

　고수의 업무력을 배우려면 고수의 곁을 지켜야 한다. 그와 어울리며 함께 웃고, 함께 울고 마음을 나눠야 한다. 비싼 외국어 학원을 등록한다고 쉽사리 외국어가 능숙해지지 않는 건 단순히 훈련을 게을리했기 때문이 아니다. 단순히 실용회화 몇 마디를 넘어서, 그 나라의 문화와 정서를 배워야만 진짜 외국어 실력이 생긴다. 그래야 외국어 표현의 미묘한 뉘앙스를 분간해서 사용할 수 있게 된다.

가상의
롤 모델

학교 다닐 때도, 회사에 들어와서도 독서를 좋아했다. 공부할 때나 일할 때나 항상 고민과 스트레스가 따랐다. 그때마다 책을 읽으면 문제해결의 힌트를 얻을 수 있었다. 또 책은 앞으로 계속 나아갈 수 있는 열정을 가르쳐 주었다.

어떤 교육 과정에서 강사가 인생의 책이 무엇이냐는 질문을 던졌다. 나는 거리낌 없이 중학교 시절 읽었던 《갈매기의 꿈》을 꼽았다. 《갈매기의 꿈》은 주인공 갈매기 조나단이 먹이를 찾는 것에 혈안이 된 다른 새들과는 다르게 더 빠르고 우아한 비행의 경지를 추구하는 이야기다. 짧은 소설이었지만 처음 몇 장만으로도 매료되기에 충분했다. 당시 내가 가장 갈증을 느끼고 있던 '성장과 열정'에 관한 주제를 담고 있었기 때문이었다. 그때나 지금이나 '성장', '열정' 이 두 개의 키워드는 심장을 두

근거리게 만든다.

밥벌이가 아닌 것에 몰두하는 기쁨. 거기에는 마약 같은 '성장에의 몰두'가 숨겨져 있다. 운동 중독에 빠지는 것도, 게임 중독에 빠지는 것도 조금씩 성장하는 기쁨이 매력적이기 때문 아닐까? 배고픔도 잊고 성장에만 매달리는 갈매기 조나단의 모습이 묘사될 때면 '그냥 소설일 뿐이야' 하고 생각하면서도 손에서 책을 놓을 수 없었다.

책 속의 모델이
좋은 이유

고수를 롤 모델로 삼고 성장하는 방법인 '모델링'은 매우 효과적인 학습법이다. 하지만 현실의 롤 모델은 때때로 매력이 떨어질 때가 있다. 업무 실력으로만 보면 더없이 뛰어난 차장님인데 점심을 먹고는 아무 데서나 트림을 한다. 내게는 삶의 멘토 같은 선배지만 언제나 어깨에는 비듬이 가득 쌓여 있다. 평소에는 예의 바르고 깔끔한 성격인데 술만 마시면 주사가 심하다. 업무적으로는 롤 모델이지만 때로는 곁에도 가고 싶지 않은 생각이 든다.

롤 모델이 꼭 살아 있는 사람일 필요는 없다. 다행히 책 속에는 다채로운 롤 모델이 많다. 조직을 깨우고 변화시키는 리더,

어려운 상황에서 자신을 아끼지 않고 위험과 맞서 싸우는 영웅, 시대를 앞서 나가는 과학자…. 과거에 살다 간 사람일 수도, 누군가 창조해낸 인물일 수도 있지만 우리의 롤 모델이 되기에 충분하다.

책 속에 등장하는 인물은 대부분 특정 유형을 대표하는 역할을 한다. 나는 평소 유쾌하면서 성미는 급한 편이지만 때에 따라 매우 신중하게 깊이 생각하는 습성이 있다. 작품 속의 주인공이 실제 인간처럼 다면적인 성격을 가지고 그때그때 다르게 행동한다면 독자는 헷갈릴 수밖에 없다. 책 속의 인물들은 일관된 캐릭터를 가지고 있으므로 오락가락하는 현실의 상사, 선배보다 파악하기 쉽다.

《오리지널스》의 애덤 그랜트에 따르면 실리콘 밸리의 혁신가들은 어린 시절 읽은 소설 속 주인공을 롤 모델로 삼은 사람이 많았다. 테슬라 모터스의 창립자 일론 머스크(Elon Musk)와 페이팔의 창업자 피터 틸(Peter Thiel)은 《반지의 제왕》에 빠져 있었다. 판타지는 상상력을 키워주고 꿈을 꾸게 만드는 장르다. 두 사람은 《반지의 제왕》에서 도전 정신을 배웠다고 했다. 또 다른 실리콘밸리의 영웅, 아마존 창립자 제프 베조스(Jeff Bezos)는 한 소녀가 시간 여행을 하는 내용의 소설 《시간의 주름》 애독자였다.

고수의 일 처리는 마치 하나의 행동처럼 자연스럽게 연결된다. 이런 상태로 체화되어 있어 각각의 단계를 세세하게 이야기하기 어렵다. 반복 연습과 훈련으로 뇌에서 생각이 자동회로처럼 작동한다. 그러므로 이 회로가 어떻게 만들어져 있는지는 설명이 불가능하다. 책 속의 인물은 자기 생각을 사진처럼 자세히 묘사한다. 좋은 작품일수록 주인공의 심리 묘사가 탁월한데, 이러한 심리 묘사를 통해 생각의 흐름을 파악할 수 있다.

어른에게도 문학이 필요하다

스티브 잡스의 혁신 이후 기업들은 저마다 창의성을 강조한다. 1박 2일 워크숍을 개최한다고 없던 창의성이 갑자기 생겨날 리 없다.

사물을 전혀 다른 시각으로 보는 눈을 가져야 창의적으로 일할 수 있다. 새로운 눈은 책 속 다양한 인물과의 만남을 통해서 얻을 수 있다. 열린 마음으로 다양한 사람들을 접하면서 그들의 시각을 받아들이는 과정이 필요하다. 책을 읽는 행위는 타자를 만나는 활동이다.

인터넷 커뮤니티를 통한 문학 독서 토론에 참여할 때의 일이다. 나보다 두 살 많은 형님이 있었는데 한 마디 한 마디가 예사롭지 않았다. 문학을 분석하는 수준이 평론가 못지않았고 배경지식도 남다른 수준이었다. 그가 이야기할 때면 모두가 귀를 쫑

굿 세웠다. 그 형님 덕분에 토론의 깊이와 넓이가 사뭇 달라졌다. 뒤풀이 자리에서 옆자리에 앉게 된 나는 넌지시 물었다.

"형님은 문학 전공이신 것 같습니다. 어떤 문학을 공부하셨나요?"

"저는 문학을 공부하지 않았습니다. 실은 수산물을 수입해서 유통하는 일을 합니다."

"아니, 그럼 어떻게 그렇게 날카로운 분석을 하세요?"

"하하하, 워낙 문학을 좋아하니까 많이 보고 깊이 생각할 뿐입니다. 문학은 다양한 사람들의 내면을 엿보게 해줍니다. 재미도 있고 일하는 데도 도움이 됩니다. 거래를 하면서 사람을 많이 만나는데 문학을 통해 배운 인간의 특성이 도움이 됩니다."

"이 사람은 《위대한 갯츠비》의 갯츠비와 비슷한 유형이구나. 갯츠비와 마찬가지로 부를 추구하는 이유가 왜곡되어 있어. 장기간 신뢰를 쌓기보다는 자신의 이득만을 추구하는 거래를 선호할 가능성이 크다. 긴장을 늦추지 말아야겠다. 이렇게 생각하곤 합니다."

문학은 지식을 전달하거나 설교를 늘어놓지 않고 장면 장면을 여실히 보여준다. 이렇게 보여주는 형식 때문에 판단의 상당 부분이 독자의 몫으로 남는다. 책을 읽는 동안 상상하게 되고, 책을 덮고 나서는 곱씹어 생각하게 된다. 이러한 과정에서 생각하는 힘이 생긴다.

당신의 롤 모델은 누구인가? 현실에서 찾기 어렵다면 책 속에서 찾아보기 바란다. 애써 무언가를 배워야 한다는 강박관념에서 벗어나자. 독서는 다양한 유형의 사람을 살피는 일이라고 생각해보면 어떨까? 책 읽기가 덜 부담스럽게 느껴질 수 있다.

처음부터 어려운 경제경영 도서를 읽을 필요는 없다. 이야기를 좋아하는 사람이라면 소설로 시작하면 된다. 현실에서는 다른 사람의 머릿속을 읽을 수 없지만, 문학에서는 가능하다. 흥미진진한 스토리를 따라가는 동안 자연스럽게 등장 인물의 잔상이 마음에 남을 것이다.

책을 통해 여러 사람을 만나고 그들의 생각을 접하는 동안 우리의 관점은 점점 넓어진다. 당신이 업의 고수가 되기 위해서는 전문 분야를 파고드는 일도 중요하지만, 공부의 폭을 넓혀가는 과정 또한 중요하다. 요즘은 일하는 데 융합과 통섭의 필요성이 커지고 있어 전문 분야만으로는 창의적인 성과를 만들어내기 어렵다. 다양한 관점을 가진 창의적인 사람이 되고 싶다면 책 속의 다양한 롤 모델을 만나보자.

천재가 아니어도
괜찮다

친구에게서 전화가 왔다. 꽤 다급한 목소리였다.

"새로 온 팀장이 올해 우리 부서의 사업계획을 세워보라고 하네. 그런데 난 한 번도 사업계획서라는 걸 써본 적이 없어. 도무지 어디서부터 시작해야 할지 모르겠어. 네가 보고서를 많이 쓰는 편이잖니. 사업계획서 작성 방법에 대해 좀 알려줘."

"사업계획은 회사마다 고려해야 하는 항목이 달라서 단기간에 설명하기 어려워."

"그래도 어떻게 안 될까? 처음부터 하나하나 배울 시간이 없는데…."

"경영기획 부서에 연락해서 회사의 연간 사업계획 보고서를 좀 달라고 해봐. 백지에서 시작하면 기획이 힘들어. 이미 논리 구조가 잘 짜인 보고서에서 틀을 가져오면 좀 더 쉽게 작성할 수 있어."

"그래 알겠어. 경영기획팀에 문의해봐야겠다."

잠시 뒤에 친구에게 카톡이 왔다.

"경영기획팀의 담당자 말이 회사의 사업계획은 중요 보안 문서라 팀장 이상만 열람하게 해준다고 하네."

안타까웠다. 앞으로 1년간 회사를 운영할 계획이 구성원에게 공유되어야 모두가 한 방향을 바라보며 일하지 않을까? 물론 회사의 영업 정보가 유출되지 않도록 지키는 것도 중요하다. 비밀 준수와 정보 공유의 유불리를 따져서 보안 수준을 결정해야 하는데 최근에는 무조건 보안만 강조한다.

여러 사람이 아이디어를 나누고 발전시킬수록 더 좋은 아이디어가 된다. 지적재산권법 등으로 지적 자산을 바라보는 시각이 변화되면서, 아이디어도 자산이라고 생각하게 되었다. 그러다 보니 좋은 아이디어가 떠오르면 이것을 지키려고만 애쓰게 되었다. 아이디어를 공유하면 누군가 이 아이디어를 도둑질해 혼자서 사업을 일으킬 거라 착각한다. 영화나 드라마에서 비슷한 스토리를 많이 보기도 했다.

아이디어는 촛불과 같다. 내 초에서 동료의 초로 촛불을 넘겨준다고 내 초가 줄어들지 않는다. 동료들이 조금씩 조금씩 세부적인 아이디어를 덧붙이면 아이디어는 점점 발전하게 된다. 다른 나라나 경쟁사로 지적 자산이 빠져나가는 것은 막아야겠지만 허용이 가능한 범위 안에서라면 정보와 아이디어는 적극적으로 공유하는 편이 바람직하다.

결국 친구는 옆 부서의 사업계획서를 볼 기회를 얻었다. 내가 전화로 몇 시간이나 코치했지만, 상황이 비슷한 옆 부서의 사업계획이 몇 배 도움이 되었다고 말했다. 참고한 사업계획서에 몇 가지 아이디어를 더해 새로 온 팀장에게 보고했는데, 처음 작성해본 사업계획서였지만 팀장은 아주 마음에 들어 했다고 한다.

창의성은
한 사람의 결과물이 아니다

오랜 직장생활을 하면서 탁월한 한 명의 혁신가는 좀처럼 보지 못했다. 우리가 많이 들은 창의적인 인물에 관한 이야기는 대부분 한 사람이 주인공이었다. 빌 게이츠, 스티브 잡스, 아인슈타인, 토머스 에디슨이 누군가와 함께 일했다는 이야기는 없었다. 우리는 대부분 스티브 잡스가 스마트폰 아이디어를 제안했으리라 짐작한다. 애덤 그랜트(Adam Grant) 교수가 하버드 비즈니스 리뷰에 기고한 글에 따르면 스마트폰 개념을 처음 제안한 것은 애플의 직원들이었다. 잡스는 수년 동안 스마트폰 개발에 반대했다. 창의적인 아이디어는 개인이 아닌, 집단의 산물이다.

수많은 사람과 함께 일했어도 '참으로 창의적이네'라는 생각이 들게 만드는 사람은 드물었다. 대부분 비슷비슷한 평범한 직장인일 뿐이었다. 간혹 새로운 업무 방법을 채택해서 탁월한 성과를 내는 팀이 있었다. 그 성과를 세세히 들여다보면 대부분은 팀원 모두가 합심해 만들어낸 결과였다.

삼성의 고 이건희 전 회장은 "한 명의 핵심 인재가 천 명을 먹여 살린다"라는 말로 탁월한 인재의 중요성을 강조했다. 보통 직원과 핵심 인재를 구분 짓는 이러한 생각이 널리 퍼져나가면서 탁월한 한 사람에 대한 기대감이 높아졌다. 특히 창의성과 관련해서는 창의적인 사람이 따로 있을 것이라는 선입견이 유독 강하게 작용했다.

이것은 창의성이 매우 커다란 혁신, 놀라운 변화라고 생각하기 때문이다. 지금까지 누구도 생각지 못했던 아이디어, 듣도 보도 못했던 제품을 만들어내는 것이 창의성이라고 여기기 쉽다. 아무나 할 수 없는 대단한 일이라는 생각이 창의적인 결과는 보통 사람과는 다른 뛰어난 혁신가의 몫이라고 단정 짓게 만든다.

실제 일터에서 창의력을 발휘한다는 것은 완전히 새로운 형태의 상품과 서비스를 만들어내기보다는 작은 개선의 형태로 현실이 된다. 창의적 혁신은 반짝이는 아이디어에서 나오지 않는다. 끊임없이 업무의 문제점을 개선할 때 나온다. 꾸준히 자신의 업무에서 개선점을 찾고, 찾아낸 개선점을 축적하여 나가다 보면 오랫동안 쌓인 개선점이 커다란 결과를 만들어낸다.

구글이나 아마존 같은 글로벌 정보기술 기업일수록 혁신적인 시스템을 만들기보다는 코드를 작성하며 각주를 다는 사소한 작업에 최선을 다한다. 세세하게 각주를 달며 자기 일을 동료들이 이해할 수 있도록 만들어 놓은 사람에게 일 잘하는 사람이라는 평이 따른다.

《나는 아마존에서 미래를 다녔다》의 저자 박정준에 따르면 아마존은 개발자들이 문제를 해결하고 나면 워크 로그(Work Log)라고 불리는 업무 상황 기록을 남기도록 한다. 워크 로그는 문제가 해결되는 과정을 다른 사람이 볼 수 있도록 기록해 놓는 과정이다. 다른 개발자가 비슷한 문제에 맞닥뜨렸을 때, 먼저 문제를 해결한 사람의 지혜를 활용할 수 있다. 이는 비슷한 문제가 발생했을 때 쉽게 해결할 수 있도록 도와줄 뿐 아니라, 해결 방법의 아이디어를 축적하여 완전히 새로운 업무 방법을 찾도록 돕는다.

한 사람이 어마어마하게 창의적일 필요는 없다. 모두가 조금씩 작은 개선을 쌓아 나가면 된다. 촛불 하나로는 세상을 밝힐 수 없다. 첫 번째 촛불이 다음 양초에 불을 전달하고, 다음 양초로 불을 또 전달하고, 그렇게 수백 개의 초가 켜지면서 세상의 어둠을 몰아낸다.

탐험가와 참여자,
어느 쪽인가?

가장 창의적인 사람이라는 칭호는 최초로 아이디어를 발견한 사람에게 돌아가지 않는다. '창의적인 사람', '혁신가'라는 칭호는 아이디어의 최초 발견자가 아닌, 아이디어를 현실화시킨 사람의 몫이다. 다른 사람의 아이디어를 귀담아듣고 다듬어지지 않은 아이디어를 잘 가다듬어 현실화시키는 사람이 성공의 과실을 얻는다.

아이디어는 날것 그대로는 전혀 쓸모가 없다. 하루에도 셀 수 없이 많은 아이디어가 나타났다 사라진다. 창의적인 사람은 생각이 비슷한 사람들과 활발히 교류를 맺으며 다양한 아이디어를 주고받다가 동료에게 획기적인 아이디어가 있으면 그걸 가다듬어 현실적인 기획으로 만들어낸다.

스탠퍼드대학교의 알렉스 펜틀런드(Alex Pentland) 교수는 훌륭한 아이디어는 한 사람의 힘으로 만들어지는 것이 아니라는 사실을 데이터로 증명하는 연구를 했다. 그의 연구 결과에 따르면 창의적인 제품과 서비스는 동료들이 함께 만들어냈다.

펜틀런드 교수는 영감이 풍부해 좋은 아이디어를 떠올리는 사람을 '탐험가'라 불렀다. 아이디어를 떠올리기 좋아하는 사람들이지만, 그 아이디어를 현실로 구현해내지는 못한다. 탐험가의 아이디어는 공상에 가까운 수준이다. 자신도 그걸 잘 알

기 때문에 아이디어를 떠올리고 금방 버리곤 한다. 탐험가는
자기만족에 아이디어를 떠올릴 뿐, 그걸 구체화하는 능력은 부
족하다. 따라서 탐험가만 존재한다면 아이디어가 실현되기는
어렵다.

참여자는 탐험가와 밀접한 관계를 맺고 탐험가의 아이디어
를 지지해주는 사람이다. 참여자는 탐험가처럼 다양한 아이디
어를 쏟아내지는 못한다. 참여자는 탐험가의 발상을 구체화시
키고 현실적인 결과물을 만들어낸다. 참여자에 의해서 탐험가
가 제안한 날것의 아이디어가 발전된 상태로 세상에 나오게 된
다. 참여자가 참여하기 전과 후의 아이디어는 전혀 다른 모양
이 된다.

아직 우리나라 기업 대부분은 강제 할당식 성과급제를 채택
하고 있다. 한쪽이 높은 등급의 평가를 받으면 다른 직원은 낮
게 평가받아야 하는 제도이다. 또한 핵심 인재와 그렇지 않은
일반 직원을 나누고 핵심 인재는 특별하게 대우한다. 운 좋게
핵심 인재로 선발되면 다행이지만 그렇지 않은 보통의 직원은
상대적 박탈감을 느낀다. 이 박탈감은 직원의 업무 몰입도와
참여도에 영향을 미친다.

예를 들어, 신입사원과 고성과자 타이틀을 단 중견 사원이
섞여 있으면 신입이 아무리 뛰어난 아이디어를 제시하더라도
평가는 중견 사원에게 유리한 쪽으로 결론이 난다. 이러한 평
가 체계와 인재 구분은 직원들이 혁신적인 아이디어를 떠올리

고 현실화시키는 데 동기를 제공하지 못하고 있다.

탐험가와 참여자가 골고루 섞인 조직이 훌륭한 조직이다. 탐험가와 참여자 간에 아이디어가 잘 흐를 수 있도록 동료들 간의 일상적인 대화가 필요하다. "자, 이제부터 회의해서 아이디어를 내봅시다." 팀장은 이런 식으로 아이디어를 짜내려 한다. 다급한 마음은 알겠지만 이렇게 다그친다고 좋은 아이디어를 얻을 수 없다. 좋은 아이디어는 동료들끼리 커피를 마시거나 사소한 일상의 이야기를 나누는 동안 '번쩍' 하고 나타나기 마련이다. 여러 사람이 모여 다양한 주제로 이야기를 나누는 업무 중간중간의 휴식이 창의의 원천이 되는 셈이다.

우리의 일터 문화는 '집중력'을 강조한다. 물론 업무 성과를 창출하려면 집중력이 중요하다. 눈에 보이는 성과는 대부분 일에 최고로 집중하는 상태에서 나온다. 몰입해서 일을 처리하는 시간은 개인에게도 만족감을 준다. 그러나 집중의 시간만큼이나 동료와 소통하는 시간도 중요하다. 집중력은 한 가지 일에 몰두하는 수렴형 사고에 해당한다.

반면, 여러 가지 단서에서 아이디어를 발산하는 확산적 사고를 할 때 창의성이 높아진다. 자연스럽게 대화를 나누며 소통할 때 새로운 아이디어가 샘솟고, 이 아이디어 중에서 좋은 것을 수집해 실현 가능한 것으로 발전시키는 이가 나온다. 혼자 집중해서 일의 성과를 내야 한다는 강박에서 벗어나 동료와 어울리는 시간을 소중히 여길 필요가 있다.

혁신가가 되는
순간

어느새 밤 10시가 가까워져 오고 있었다. 새로운 사내 방송 제작 체계의 구축이라는 과제로 토론을 거듭하다 보니 그 시간이 되어 있었다. 프로젝트에 참여한 우리 3명은 며칠 후면 당장 중간보고를 해야 한다는 사실도 잊고 있었다. 이제는 함께 일 이야기, 최근의 관심사, 상사에 대한 불평 등이 잡담과 섞여 되는 대로 이야기를 나누고 있었다.

그때 갑자기 N대리가 좋은 아이디어를 떠올렸다.

"단순히 지식 전달이 아닌, 드라마처럼 공감할 수 있는 그런 콘텐츠를 만들면 어떨까요?"

동료들의 눈이 휘둥그레졌다. 곧이어 옆에 있던 다른 대리가 반론을 제시했다.

"에이, 그런 생각은 교육 방송 제작자라면 누구나 해봤어요. 드라마는 재미만 주면 되지만, 교육 방송은 지식과 재미가 모두 담겨있어야 하는데 재미를 추구하다 보면 전문성과 신뢰도가 떨어져요."

"그렇다면 영화 예고편처럼 다음 방송의 예고는 재미 위주로 만들고, 실제 본 방송은 유용한 지식 전달을 해주면 어떨까?"

이야기하는 동료 모두의 표정이 밝아졌다. 이제는 언제 퇴근해야 하는지, 집에 어떻게 갈지도 모두 잊은 상태다. 일의 관념,

보고를 해야 한다는 사실도 머릿속에서 사라졌다. 선배, 후배라는 관계의 틀도 넘어섰다. 이야기를 나누던 동료 모두가 그냥 친구가 된 느낌이었다.

심지어 한 명은 자기 일이 모두 끝난 상태였다. 동료들이 새로운 아이디어로 토론하는 모습을 보고 옆에서 거드는 것이 재미있어 늦은 시간까지 남았을 뿐이다. 거기에 참여한 모두가 혁신가가 되는 순간이었다. 결국 아이디어를 모아 기획안이 작성되었다. 그 기획안의 핵심 내용이 누구의 아이디어였는지는 아무도 기억하지 못한다.

직장생활하면서 종종 이런 장면을 경험했다. 이것은 회사에 다니면서 겪는 절정의 순간이다. 누군가 "이건 어때?"라고 말하면 다른 이가 "그거 좋네." 한다. 또 다른 이가 "그럼 이건?" 하고 물으면 "햐, 그것도 괜찮은데?"라고 응수한다. 이런 대화가 활발하게 오가면서 모두의 얼굴에 기쁨이 차오른다. 매일 이렇게 일할 수 있다면 얼마나 신나는 회사가 될 것인가.

질투를 통해
성장하는 법

Q대리는 국내 최고 대학의 경제학부를 졸업했다. 촉망받는 신입사원이었던 만큼 회사에서 가장 유망한 자산운용 직무에 발령받았다. 나는 회사 연수원으로 가는 버스에서 그를 처음 만났다. 같은 자리에 앉아 버스로 이동하는 한 시간 동안 이런저런 얘기를 나눌 수 있었다.

내가 생각하기에 Q대리는 남부러울 것 없는 사람이었다. 그런데 그는 만족보다는 불만이 많았다. 특히 놀랐던 점은 후배를 매우 경계하고 있다는 점이었다. 처음 만난 나에게까지 불안을 털어놓았다.

"나는 우리 부서에 새로운 신입사원이 한 명 배치될 때마다 두려운 생각이 든다. 요즘 애들은 이전보다 공부를 많이 해서 그런지 정말 똑똑해. 아무래도 자산운용이라는 업무가 최신 지식이 많으면 유리한 게 사실이거든. 그래서 그 애들한테 밀려날까 늘 두려워. 내가 과연 언제까지 이 회사에 다닐 수 있을까?"

이제 막 대리로 승진한 그가 이렇게 생각하다니 믿을 수 없었다. 대리라는 직급은 미래에 대한 기대가 크고, 꿈과 열정이 가득한 시기가 아니던가. 그런데 그는 자신의 강점을 잊고 후배들이 가진 능력만 두려워하고 있었다.

후배들에게 밀릴지도 모른다는 두려움과 실직에 대한 불안으로 그는 주식투자를 하기 시작했고 큰 손실을 입었다. 그 손실을 단기간에 만회하기 위해 회사 공금을 횡령하는 범죄까지 저질렀다. 경찰 조사가 시작되자 해외로 도피했다. 그에 관해 들은 마지막 소식이었다.

남의 것만 보면
내 것이 보이지 않는다

아무리 내 안에 강점이 많아도 그걸 보지 못하면 아무 소용이 없다. 내 강점을 발견할 시간에 타인이 가진 재능만 보면 내 것이 더 작아 보인다.

1992년 미국의 SEC(증권거래위원회)는 각 기업의 임원 보수를 공개하도록 했다. 당시 미국 기업들은 임원의 연봉을 점점 높여가고 있었다. SEC는 임원의 보상 내역이 투명하게 공개되면 더 이상 임원에게 과다하게 많은 보수를 책정하지 못할 것으로 생각했다. 그런데 결과는 오히려 그 반대로 나타났다.

이전의 조사인 1976년에는 CEO의 연봉이 일반 직원의 36배 가량이었다. 그런데 연봉을 공개한 직후인 1993년 조사에서는 CEO의 연봉이 일반 직원의 131배까지 크게 늘어난 것으로 밝혀졌다. 이후로도 CEO의 연봉은 계속 높아졌고, 직원과의 격차는 더 크게 벌어졌다.

이것은 연봉이 공개된 후 언론에서 앞다투어 CEO들의 연봉에 관한 기사를 썼기 때문이다. CEO들은 자신의 연봉을 다른 CEO와 비교하기 쉬워졌다. 그러자 더 높은 보수를 요구하기 시작했다. 비교와 질투는 사람들을 비이성적으로 만드는 습성이 있다. 남과 비교하기 시작하면 내 수준이 적당하다는 생각을 하기 어렵다. 비교 대상 중 가장 조건이 좋은 사람에게 눈높이를 맞추기 때문이다. 질투는 우리의 영혼을 갉아먹는다.

유태인의 인생 교과서 《탈무드》에는 질투에 관해 다음과 같은 일화가 실려 있다. 한 사제가 더 높은 영적 경지에 오르기 위해 사막 한가운데서 기도를 시작했다. 악마는 그의 신앙이 고매해질수록 악을 퍼뜨리기에 방해가 된다고 생각했다. 악마는 어떻게든 사제의 마음을 흐트러뜨리기 위해 갖가지 방법을 생각했다.

우선 엄청난 미녀로 사제의 마음을 흔들어보았다. "이 땅 위에서 가장 아름다운 여인일세." 그러나 사제는 조금의 흔들림도 보이지 않았다. 엄청난 돈과 재물을 보여주기도 했다. "이 돈을 가지면 당신의 뜻대로 못할 것이 없다네." 사제는 신앙의 기쁨 외에는 어떤 것도 욕심이 나지 않는다고 답했다. 아무리 애써도 사제의 마음을 움직일 수 없자 악마는 유혹을 포기하기에 이른다. 그리고 마지막으로 딱 한 마디를 건넸다.

"그거 알고 있나? 늘 자네와 함께 기도하던 동료 사제가 대주교가 되었다네." 사제는 그 말을 듣자마자 기도를 멈추었다. "말도 안 돼. 그 녀석은 그럴 자격이 없어!"

질투에 약한 인간의 모습을 엿볼 수 있는 일화라고 할 수 있다.《탈무드》는 조절하기에 따라 질투가 인간의 감정 중에서 가장 강력한 힘을 발휘한다고도 알려준다. 강력한 힘을 가진 만큼 잘만 이용하면 놀라운 동기부여 방법이 될 수도 있다.

질투라는
감정 활용법

인간은 어떤 상황에서건 혼자 남겨지는 것을 두려워한다. 의사결정을 할 때도 나 혼자만 잘못된 결정을 내리는 것은 아닌지 늘 불안하다. 이 불안감을 떨치기 위해 다른 사람은 어떤 결정을 했는지 알고 싶어 한다. 홈쇼핑에서 많이 활용하는 마케팅 기법이 있다. 실시간으로 얼마나 많은 고객이 이 상품을 구입하고 있는지 보여주는 방법이다. 많은 사람이 사고 있다는 사실을 알게 되면 나도 빨리 사야겠다는 충동이 생긴다.

이렇게 늘 타인과 비교하는 특성은 현대인의 불안이라는 감정을 더욱 증폭시킨다. 비교한 결과 내가 가진 것이 타인에 비해 부족하다면 그 간격을 빨리 메워야 한다는 조바심이 생긴다. 현재 내 자동차에 만족하고 있어도 동료들이 전기차를 샀다면 불현듯 이런 생각을 하게 된다.

'나 혼자 시대에 뒤떨어지는 거 아냐?'

초조함은 실수를 낳는다. 다른 사람의 뒷담화를 통해 평판을 떨어뜨리려 애쓰는 행동은 질투에서 비롯된다. 사람들은 보통 나와 비슷한 처지에 있는 사람의 뒷담화에 열을 올리지 않는다. 동기 중 먼저 승진한 사람, 노력에 비해 좋은 인사 평가를 받은 사람이 뒷담화의 대상이 된다. 뒷담화는 그가 그런 혜택을 누릴 만큼 자격을 갖추었는가에 초점이 맞춰진다. 당연한 일이지만 그에 대해 뒷담화를 할수록, 보상을 누릴 자격이 없다고 생각하게 된다.

질투는 현재의 내 상황에 만족하지 못하게 만든다. 다른 사람과 비교할수록 회사와 동료에 대한 불신만 커진다. 결국은 회사의 불공평한 제도와 시스템에 항시 불만을 가지게 되고 업무 집중도도 떨어진다.

이런 질투도 긍정적인 방향으로 이용할 수 있다. 질투는 일종의 피드백이기 때문이다. 우리가 질투를 느끼는 것은 비교 대상이 되는 상대방과 간격이 벌어졌다는 신호로 볼 수 있다. 그 사람의 지위나 재산에 초점을 맞추지 않고 그 간격에만 초점을 맞추면 질투를 성장의 촉매로 이용할 수 있다. 어떤 식으로든 간격이 생겼다는 것은 내가 현실에 안주하느라 성장을 게을리했다는 좋은 피드백이다. 이 상황을 인정하고 더 노력해서 간격을 줄이면 된다.

앞서 얘기한 Q대리를 보자. 자신보다 일 잘하는 후배 때문에 두렵다면 공부를 통해 실력을 키우면 된다. 그런데 그는 그 후배들 때문에 자신이 오래 회사에 다닐 수 없고 언젠가는 밀려날 거라는 불안감의 노예가 되고 말았다. 그리고 단기간에 그 불안을 떨칠 방법에만 골몰하다 보니 범죄라는 비정상적인 방법을 선택하게 되었다.

이제 질투가 느껴질 때는 그 감정에 사로잡히지 말고 차분히 생각해보자. 지금 내가 할 수 있는 일에 초점을 맞추자. 그러면 질투라는 유쾌하지 않은 감정으로도 성장의 동력을 이끌어낼 수 있다.

당신 곁에
누가 있습니까? ↗

"아무래도 번아웃이라는 게 이런 건가 봐."

매 순간순간 어떻게 하면 회사라는 지옥에서 탈출할 수 있을까 고민한다는 친구의 말이었다. 번아웃 증후군이란 한 가지 일에 지나치게 몰두한 나머지 극도의 정신적, 육체적 피로로 무기력증에 빠지는 상태를 일컫는다.

친구는 공기업에 다니고 있어 안정적인 미래를 보장받은 상태였다. 담당 업무 또한 신사업 부문이어서 회사 내에서 전망이 밝고 인정받는 자리라고 했다. 그런데 다른 사람이 모두 부러워하는 위치였지만 전혀 행복하지 않다고 했다.

"나는 매일 아침 출근을 할 때면 회사에 들어가기 싫어서 회사 건물을 몇 바퀴 돌면서 시간을 끌곤 해. 이제는 꽤 위치가 올라가서 누군가의 눈치를 볼 처지도 아닌데 왜 이렇게 회사문이 크고 무섭게 느껴지는지 모르겠다."

업무가 과중하고 스트레스가 크면 반드시 번아웃에 빠지게 될까? 나는 아니라고 생각한다. 그보다 우리는 일의 의미를 상실했을 때 더 많이 지친다. 처음에는 '그저 밥벌이니까. 왜 해야 하는지 따윈 필요 없다. 그냥 하는 거다'라고 자기를 다그치며 한 발 한 발 걸어갈 뿐이다. 그렇게 3년이 지나고 5년이 지나면 정말로 '무엇 때문에 일하는가'에 의문이 생기게 된다. 직접적인 스트레스가 단기간에 우리를 갉아먹는 것과 다르게 타성은 우리를 서서히 지치게 만든다.

일의 의미를 찾는 방법

현대 사회를 살아가는 우리는 왜 일하는지 알기 어려워졌다. 내 일의 의미를 느낄 수 있었다면 이토록 수많은 이들이 '퇴사'를 고민하지는 않았을 것이다. 그 옛날 장인은 일이 고되고 보수가 적어도 자신이 만든 작품을 직접 볼 수 있었다. 자신이 만든 제품을 쓰는 고객을 직접 만날 수 있었다. 옹기장이는 자신이 만든 옹기에 김치를 담가 겨우내 마을 사람들이 배를 채우는 모습을 볼 수 있었다. 대장장이는 자기 낫으로 풀을 베고 농사를 지어 곡식을 생산하는 모습을 보았다. 그들은 왜 일을 하는지 의문을 가질 필요가 없었을 것이다.

지금의 직장인은 내 역할이 무엇인지 느낄 기회가 별로 없다. 기획자라는 타이틀이 멋져 보이지만 내가 쓴 기획서가 도대체 무슨 쓸모가 있는지 의문이 들 때가 많다. 회사에는 밤늦게까지 불을 밝히고 보고서를 찍어내는 수많은 기획자가 있다. 그들이 피땀 흘리며 만든 결과물은 90%가 경영 의사결정에 영향을 미치지 못하고 쓰레기통에 버려진다. 그들은 자신의 쓸모를 어떻게 평가하고 있을까?

처음 회사에 들어와서 몇 년간은 성장의 기쁨이 있다. 이 시기는 점점 역할이 커지고 일이 손에 익어간다는 사실만으로 보람이 있다. 어떤 일이든 처음에는 모든 것이 새롭고 흥미롭게 느껴지다가 점점 흥미를 잃을수록 매너리즘에 빠지게 된다. 회사 일도 시간이 갈수록 숙련도가 높아지면서 성장의 기쁨을 잃어버리게 된다. 이때가 되면 슬슬 번아웃이라는 단어가 머리를 스친다.

이럴 때 적합한 해결책은 바로 잡 크래프팅이다. 잡 크래프팅은 주어진 업무를 스스로 변화시켜 의미 있는 일로 만드는 활동을 뜻한다. 일하는 방법에 대해 어느 기업보다 많이 연구했다는 구글은 일에 지친 직원들에게 잡 크래프팅의 기회를 제공하고 일의 의미를 되새길 수 있게 한다. 구글 같은 세계 최고의 환경에서 일하는 사람도 일의 의미를 잃고 슬럼프에 빠진다. 해외 기업의 복리후생은 단순히 좋은 시설이나 공짜 점심을 제공하는 수준에 그치지 않는다. 사내에 전담 상담사를 두어 직원들이 다양한 문제를 해결할 수 있도록 도우려 애쓴다. 그런데도 개개인의 슬럼프는 피해 갈 수 없다.

전문가들은 잡 크래프팅을 통해 슬럼프를 극복하는 세 가지 전략을 제시한다. 첫째, 일 자체를 바꾸는 방법이다. 일의 내용과 접근 방법을 조금 다르게 하는 방법이다. 둘째, 일과 관련된 관계를 변화시키는 방법이다. 새로운 만남을 통해 함께 일하는 협력 관계를 바꿀 수 있다. 코치를 만나 조언을 받고 새로운 성장의 기회를 찾거나 내가 누군가를 가르치면서 왜 일을 하는지 다시 돌아볼 수도 있다. 셋째, 나의 인식을 변화시키는 방법이다. '과연 회사에서 내 소명은 무엇인가?'를 성찰하고 새로운 가치를 깨닫는 순간 지겹던 일을 새롭게 느끼게 된다.

우리나라에서는 기업이 이렇게까지 기회를 제공하지 않으므로 잡 크래프팅은 개인의 몫으로 남는다. 하지만 혼자서 직무의 내용이나 일하는 방식을 바꾸기는 불가능하다. 관계를 변화시키거나 일의 의미를 깨닫는 인지적 변화를 만들 수밖에 없다.

향후 자신의 행동 기준이 될 좋은 롤 모델을 만드는 방법은 관계를 새롭게 하는 방법 중 하나다. 사내에 마땅한 롤 모델이 없다면 사외에서 다채로운 만남의 기회를 찾으면 도움이 된다. 요즘에는 온라인을 통해 가입할 수 있는 직장인 커뮤니티가 활발하게 운영되고 있다. 조금만 관심을 가지면 내 직무와 관련된 커뮤니티를 발견할 수 있다. 이러한 모임에 나가거나 같은 업종에 종사하는 다양한 선후배를 만나보길 권한다.

사람을 만나고 이야기를 나누다 보면 각자 일의 의미를 다르게 인식하고 있다는 점을 발견한다. 이를 통해 내가 가진 '일에 관한 생각'을 새롭게 바꿔볼 수 있다. 누군가는 그냥 자기 일을 좋아한다. 누군가는 일을 자기 성장의 수단으로 본다. 또 다른 누군가는 일의 의미를 인생 전체의 의미와 연결 짓는다. 일을 어떻게 생각하는지 다른 사람의 이야기를 들어보면 사람에 따라 매우 다양한 시각이 있다는 점에 놀라게 된다. 그리고 나는 내 일을 어떻게 생각하는지 다시 돌아보게 된다.

직장생활도, 인생도 순간순간 의미를 부여하는 과정의 연속이라고 생각한다. 경험하는 데 그치지 않고 반추하고 성찰할 때, 당신 삶에 진짜 의미가 담긴다. 일이 지긋지긋하고 짜증이 날 뿐이라면 일이 당신에게 주는 의미를 되돌아볼 때가 되었다는 뜻이다. 혼자 곱씹어보는 것도 좋지만 당신 모습을 다른 누군가에 비추어보면 더욱 좋다. 당신 곁에는 비슷한 일을 하면서도 웃음 짓는 사람이 있는가? 그럼 그(그녀)가 어떻게 웃을 수 있는지 생각해보자.